Habilidades de comunicación

CTRP0008 Competencias Transversales

EF/CTRP0008/SEP/25

CONSEJO DE REDACCIÓN

Olga de Vega Artalejo

Iván Ríos Gómez

MAQUETACIÓN

Beatriz Mateos Caballero

ILUSTRACIÓN DE CUBIERTA

Ignacio Velasco Marugán

© CEA. Ediciones Valbuena

ISBN: 978-84-1077-560-2
Depósito legal: M-19999-2025
Editado en septiembre de 2025
Imprime: Ediciones Valbuena, S.A.
Impreso en España. Printed in Spain

Presentación

Comprometidos por ofrecer una propuesta formativa ajustada a las necesidades de la sociedad y del mercado de trabajo, Ediciones Valbuena presenta este manual para la Especialidad formativa de **Habilidades de comunicación**, perteneciente a la categoría de **Competencias Transversales**.

Esta **Especialidad formativa**, con una duración asociada de 30 horas, se integra en el Catálogo de especialidades con el código CTRP0008.

En la elaboración de los contenidos hemos pretendido garantizar la **adquisición, mejora y actualización de las competencias profesionales** requeridas en el mercado laboral, así como fomentar el **aprendizaje**.

En nuestra página web **www.edicionesvalbuena.es** estarás al día de todo en cuanto a información sobre cursos, productos y servicios se refiere, además tendrás la opción de dirigirnos cualquier consulta o sugerencia.

Esperando haber cumplido el objetivo propuesto, te expresamos nuestros mejores deseos de éxito.

Ediciones Valbuena

ÍNDICE

Iconos de Información

Definición

Recuerda

Ejemplo

Nota

Importante

Resumen

Más información

Vocabulario

Lectura recomendada

Audios

Actividad

UNIDAD DIDÁCTICA 1

Comunicación efectiva y asertiva

Contenido & Objetivos

Introducción

Resumen

Los **objetivos** de esta unidad son:

1. Identificar los elementos esenciales de la comunicación efectiva.

2. Desarrollar habilidades asertivas, de escucha activa y de empatía en la comunicación interpersonal.

3. Fomentar la coherencia entre los componentes verbal, no verbal y paraverbal de la comunicación.

Introducción

La **comunicación efectiva** es una habilidad fundamental que atraviesa todos los aspectos de la vida, desde las relaciones personales hasta los entornos profesionales. Ser capaces de expresar nuestras ideas y emociones de manera clara y respetuosa no solo facilita la construcción de vínculos sólidos, sino que también reduce malentendidos y fomenta la colaboración. En este contexto, la asertividad emerge como una competencia clave, permitiendo que las personas defiendan sus derechos sin menospreciar los de los demás. Esta habilidad es esencial para establecer límites, transmitir mensajes claros y mantener relaciones equilibradas.

La **escucha activa** complementa esta dinámica comunicativa al implicar una atención plena al interlocutor, no solo comprendiendo sus palabras, sino también las emociones que subyacen a su mensaje. Escuchar activamente demuestra empatía, fomenta el respeto mutuo y facilita la resolución de conflictos al generar un entorno donde las personas se sienten escuchadas y valoradas. Esta práctica profundiza las interacciones y abre la puerta a una comunicación más auténtica.

En el corazón de la comunicación efectiva se encuentra la **empatía**, una habilidad que nos permite conectar con el interlocutor al comprender y validar sus emociones y perspectivas. La empatía trasciende el simple entendimiento cognitivo, ya que implica sintonizar con el estado emocional del otro, lo que refuerza la confianza y fortalece las relaciones. Al integrar la empatía con la escucha activa y la asertividad, se crea un triángulo de habilidades que transforma las interacciones en experiencias significativas y enriquecedoras.

A lo largo de esta unidad, se explorarán los factores que influyen en la comunicación, las técnicas para desarrollar una comunicación asertiva, la importancia de la escucha activa y la necesidad de coherencia entre el lenguaje verbal, no verbal y paraverbal. También se abordará cómo aplicar la empatía en el proceso comunicativo, entendiendo su impacto en la conexión con los demás y en la creación de relaciones basadas en el respeto mutuo y la comprensión. Estos elementos se integran para proporcionar a los participantes las herramientas necesarias para comunicarse de manera efectiva y construir relaciones sólidas en diversos contextos.

1. Introducción a la comunicación efectiva

1.1. ¿Qué es la comunicación efectiva?

La comunicación es el eje central de toda interacción humana. Se dice, con frecuencia, que vivimos en la era de la información pero, más allá de la información, vivimos en la era de la comunicación. Cada día, intercambiamos palabras, gestos, pensamientos y emociones con otras personas. Todo acto humano está impregnado de comunicación. Es imposible no comunicar. Incluso cuando guardamos silencio, estamos enviando un mensaje. Entonces, ¿por qué, si comunicamos constantemente, fallamos tantas veces en el intento?

Aquí es donde entra en juego el concepto de comunicación efectiva.

Transmitir un mensaje no significa que este sea entendido, asimilado o interpretado correctamente. La comunicación efectiva, entonces, va más allá de simplemente hablar o emitir información, es la capacidad de transmitir ideas de manera clara, precisa y adaptada, logrando que el mensaje llegue al receptor tal y como fue concebido.

En este epígrafe, abordaremos el concepto de comunicación efectiva, los factores que influyen en su éxito, sus elementos clave y las barreras que debemos superar para lograr una comunicación auténtica y eficaz.

La comunicación efectiva es aquella en la que el mensaje transmitido por el emisor llega al receptor de manera clara, sin distorsiones ni malentendidos, y se logra el objetivo deseado. Es un proceso que garantiza que el contenido, la intención y el significado del mensaje sean comprendidos correctamente.

Una comunicación ineficaz, por el contrario, genera confusión, frustración y malentendidos. No importa si el mensaje fue bien estructurado; si no se adapta al contexto, al receptor y a los medios, no será efectivo.

La comunicación efectiva no solo es una habilidad técnica; es también una herramienta humana y emocional. Es lo que nos permite conectar con los demás, resolver problemas, liderar, motivar, enseñar, inspirar. En el ámbito personal, una comunicación efectiva construye relaciones sólidas y evita malentendidos. En el profesional, es clave para el éxito: sin ella, los equipos no funcionan, los proyectos no avanzan y las ideas no prosperan.

1.2. Características de la comunicación efectiva

Una comunicación efectiva se distingue por varios elementos clave que garantizan su éxito:

— **Claridad**

El mensaje debe ser comprensible y directo, evitando ambigüedades o información innecesaria. La claridad requiere conocer al receptor y adaptar el lenguaje a sus capacidades y contexto. No es lo mismo explicar un concepto técnico a un experto que a alguien sin conocimientos previos.

— **Concisión**

Se debe transmitir lo esencial, eliminando redundancias o distracciones. Un mensaje breve y bien estructurado tiene más impacto.

 Por ejemplo, en lugar de decir "Este proyecto necesita ser terminado porque nos estamos retrasando y hay un plazo que debemos cumplir", sería más efectivo decir: "Terminemos este proyecto para cumplir con el plazo".

— **Relevancia**

El mensaje debe estar alineado con el objetivo de la comunicación y ser significativo para el receptor.

 En una reunión sobre un nuevo proceso de trabajo, la información debe centrarse en explicar el procedimiento, no en problemas anteriores.

— **Bidireccionalidad**

La comunicación efectiva no es un monólogo, sino un intercambio dinámico donde ambas partes participan activamente. Este proceso asegura que el mensaje se entienda correctamente y permite ajustes si es necesario.

 En una sesión de planificación, el gerente presenta los objetivos del trimestre y solicita al equipo sus ideas para alcanzarlos. Durante la conversación, el gerente escucha con atención, reformula puntos clave y responde a las preguntas del equipo. A medida que los miembros aportan sugerencias, se logran acuerdos conjuntos y se aclaran posibles malentendidos. Este flujo de intercambio asegura una comprensión compartida y fomenta la colaboración, caracterizando una comunicación bidireccional efectiva.

— **Adaptabilidad**

Cada situación y receptor requiere un enfoque distinto. La flexibilidad del emisor para adaptar su estilo comunicativo es clave para el éxito.

 En una reunión multicultural, un líder nota confusión debido al uso de jerga local y metáforas. Adaptándose, simplifica su lenguaje, utiliza ejemplos globales y fomenta preguntas. Esto asegura que todos comprendan el mensaje, demostrando cómo la adaptabilidad fortalece la comunicación efectiva.

¿Por qué es tan importante la comunicación efectiva?

Porque es el pilar que sostiene nuestras interacciones personales y profesionales. Una comunicación efectiva:

— **Fomenta relaciones positivas:** evita malentendidos y promueve la confianza.

— **Facilita el trabajo en equipo:** mejora la colaboración y la resolución de conflictos.

— **Impulsa el liderazgo:** un líder que comunica con claridad y empatía inspira y motiva a su equipo.

— **Optimiza la toma de decisiones:** cuando la información fluye de manera efectiva, las decisiones se basan en datos claros y precisos.

— **Mejora la productividad:** en el ámbito laboral, una comunicación clara evita errores, ahorra tiempo y aumenta la eficiencia.

 Piensa en una empresa en la que el líder del equipo no explica bien las tareas ni escucha las dudas de los colaboradores. El resultado es la confusión, retrasos y un ambiente de trabajo tenso. En cambio, un líder que se comunica con claridad, da espacio para la retroalimentación y escucha activamente genera confianza y mejora el desempeño del equipo.

1.3. Factores que influyen en la efectividad de la comunicación

La comunicación no ocurre en el vacío porque está influenciada por una serie de factores que determinan su éxito o fracaso. Estos factores pueden clasificarse en: personales, contextuales, relacionales y técnicos.

1.3.1. Factores personales

Los factores personales incluyen las características, emociones y habilidades del emisor y el receptor:

— **Estado emocional:** las emociones afectan la forma en que transmitimos y recibimos un mensaje. La ira, el miedo o la tristeza pueden distorsionar la comunicación.

— **Actitud:** una actitud abierta, positiva y empática facilita la comunicación; una actitud defensiva o crítica, por el contrario, la bloquea.

— **Habilidades comunicativas:** no todos tenemos la misma capacidad para expresarnos con claridad o para escuchar activamente.

1.3.2. Factores contextuales

El **contexto** es el escenario en el que se desarrolla la comunicación, y tiene un peso significativo en cómo el mensaje es interpretado y percibido. Este contexto puede ser:

— **Físico:** hace referencia al entorno tangible donde ocurre la comunicación. Incluye elementos como el ruido, la iluminación, la proximidad física o la disposición del espacio.

 En una sala de reuniones mal iluminada y con ruido externo, es difícil que los asistentes se concentren en el mensaje. La solución sería buscar un espacio tranquilo, bien iluminado y con una disposición del mobiliario que fomente la interacción.

— **Temporal:** el momento en el que se lleva a cabo la comunicación influye en su efectividad. No es lo mismo dar *feedback* a un colaborador al final de un día estresante que en una mañana tranquila.

 Por ejemplo, en una familia, tratar un problema delicado justo después de un conflicto suele ser menos productivo que abordarlo en un momento de calma.

— **Cultural y social:** la cultura condiciona la forma en que entendemos y practicamos la comunicación. Diferencias en valores, costumbres o normas sociales pueden generar malentendidos.

 En culturas donde el contacto visual es signo de respeto, la falta de este puede interpretarse como desinterés, mientras que en otras, un contacto visual prolongado puede percibirse como agresivo.

1.3.3. Factores relacionales

La relación entre el emisor y el receptor determina, en gran medida, el éxito de la comunicación. Este aspecto incluye:

— **Confianza:** cuando existe una base de confianza, la comunicación fluye con naturalidad. Por el contrario, en contextos donde hay desconfianza, el mensaje puede ser interpretado con dudas o resistencia.

 Un líder que nunca ha valorado las aportaciones de su equipo tendrá dificultades para que sus propuestas sean aceptadas con entusiasmo.

— **Empatía:** la capacidad de ponerse en el lugar del otro permite ajustar el mensaje a las necesidades emocionales del receptor. La empatía genera una atmósfera de comprensión y apertura.

 Al dar una mala noticia, el emisor debe ser capaz de adaptar su tono y lenguaje al del receptor para transmitir el mensaje con tacto.

— **Historial previo:** las experiencias pasadas entre emisor y receptor influyen en cómo se recibe el mensaje. Una mala experiencia puede generar barreras emocionales, mientras que un historial positivo facilita la comunicación.

1.3.4. Factores técnicos y del mensaje

El mensaje y el canal a través del cual se transmite son componentes esenciales que influyen en la efectividad de la comunicación:

— **Lenguaje:** el uso del lenguaje debe ser claro, preciso y adaptado al receptor. El exceso de tecnicismos, las ambigüedades o el uso inadecuado de palabras complicadas pueden generar ruido.

En una formación para principiantes, un lenguaje demasiado técnico puede alienar a la audiencia.

— **Estructura del mensaje:** la forma en que se organiza el contenido es clave. Un mensaje bien estructurado sigue un orden lógico: introducción, desarrollo y conclusión.

— **Canal de comunicación:** elegir el canal adecuado es fundamental. En algunos casos, la comunicación presencial será más efectiva (para mensajes delicados), mientras que para mensajes informativos puede utilizarse el correo electrónico o el teléfono.

1.4. Elementos de la comunicación: emisor, receptor, mensaje, canal y retroalimentación

La comunicación efectiva se produce cuando los elementos esenciales interactúan de forma armoniosa. Comprender estos elementos nos permite analizar y mejorar el proceso comunicativo:

1.4.1. Emisor

El emisor es el origen del mensaje, la persona que inicia el proceso de comunicación. Su papel no se limita a emitir palabras, también es responsable de:

— **Codificar el mensaje:** transformar una idea o emoción en un lenguaje comprensible para el receptor.

— **Seleccionar el canal adecuado:** elegir la forma más apropiada de transmitir el mensaje.

— **Adaptar el lenguaje:** considerar el nivel de comprensión, el contexto y la cultura del receptor.

Un profesor que explica un tema debe ser consciente del lenguaje que usa, del ritmo y de los ejemplos que presenta, adaptándose al nivel de los alumnos.

1.4.2. Receptor

El receptor es la persona que recibe, interpreta y decodifica el mensaje. Su responsabilidad es:

— Escuchar o leer activamente.

— Interpretar el significado del mensaje recibido.

— Pedir información para confirmar si entendió correctamente.

El receptor puede influir en la comunicación de muchas formas. Su nivel de atención, su estado emocional y sus prejuicios afectan directamente cómo interpreta el mensaje.

 En una clase de cocina, el instructor explica cómo hacer una receta, indicando que la masa debe reposar durante 30 minutos antes de hornearla. El receptor, un estudiante, escucha atentamente pero se da cuenta de que no está seguro del motivo. Entonces pregunta: "¿Por qué es importante dejar reposar la masa?". Con esta pregunta, el receptor demuestra interés y asegura una correcta comprensión del proceso.

1.4.3. Mensaje

El mensaje es la información que se transmite. Puede ser verbal (palabras), no verbal (gestos, posturas) o paraverbal (tono, ritmo, pausas). Un mensaje efectivo debe cumplir con los siguientes principios:

— Claridad: el significado debe ser comprensible.

— Relevancia: debe ser significativo para el receptor.

— Precisión: evitar información innecesaria o redundante.

 En una emergencia, un bombero da instrucciones claras y concisas: "Salgan del edificio por la puerta de emergencia". Un mensaje ambiguo, como "Busquen una salida segura", podría crear confusión.

1.4.4. Canal

El canal es el medio físico o digital a través del cual se transmite el mensaje. Los canales más comunes incluyen:

— Oral: conversaciones, llamadas telefónicas, discursos.

— Escrito: correos electrónicos, cartas, informes.

— Visual: imágenes, vídeos, gestos.

— Multimedia: canales digitales que combinan texto, imágenes y sonidos.

La elección del canal adecuado depende del tipo de mensaje, del contexto y del receptor.

1.4.5. Retroalimentación o *feedback*

La retroalimentación es la respuesta del receptor que indica si el mensaje fue comprendido correctamente. Sin retroalimentación, la comunicación es incompleta, ya que no podemos confirmar si el mensaje ha cumplido su objetivo.

Ejemplo de pedir y dar retroalimentación:

Contexto: una gerente de proyecto está explicando a su equipo las tareas para la semana en una reunión virtual.

Pedir retroalimentación: al finalizar su explicación, la gerente dice: "Quiero asegurarme de que todos entendimos bien las prioridades de esta semana. ¿Podríais repetir en pocas palabras cuáles son vuestras tareas principales y si hay alguna duda o sugerencia?".

Dar retroalimentación: un miembro del equipo responde: "Entendido, yo seré responsable de coordinar con el cliente y entregar el informe el viernes. Sin embargo, tengo una duda sobre qué datos específicos quieren en la presentación.

¿Podemos confirmarlo antes del miércoles?".

Respuesta al *feedback*: la gerente responde: "Perfecto, has captado bien tu tarea principal. Sobre los datos, hablaré con el cliente hoy y te confirmo los detalles antes de mañana. ¿Esto te funciona?".

En este ejemplo, pedir retroalimentación permitió identificar una duda clave, mientras que darla y responder adecuadamente fortaleció la claridad y la efectividad de la comunicación.

1.5.　Barreras en la comunicación y cómo superarlas

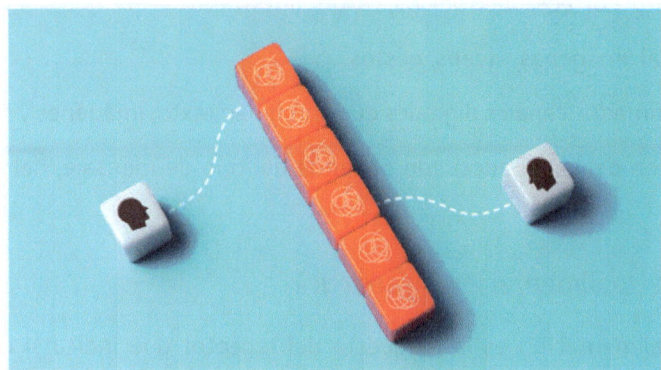

A lo largo del proceso comunicativo, surgen obstáculos que dificultan la transmisión efectiva del mensaje. Estas barreras pueden clasificarse en:

1.5.1.　Barreras físicas

Son las interferencias del entorno físico que dificultan la comunicación:

— Ruido excesivo.

 Un gerente intenta explicar un cambio en el proceso de trabajo durante una reunión en un café ruidoso. Los asistentes no logran entender claramente las instrucciones debido al ruido ambiental. Solución: trasladar la reunión a un lugar tranquilo o utilizar auriculares con cancelación de ruido si se trata de una llamada virtual.

— Problemas técnicos.

 Durante una videollamada, la conexión del Internet del emisor es inestable, lo que provoca interrupciones constantes en su explicación y frustración en los participantes. Solución: probar la conexión antes de la reunión y tener un plan alternativo, como continuar la conversación mediante mensajes escritos o reprogramar la llamada.

— Distancia entre emisor y receptor.

 En una conferencia, el ponente habla sin micrófono y los asistentes en las últimas filas no pueden oír claramente. Solución: usar un micrófono o amplificar el sonido para llegar a todo el público.

1.5.2. Barreras psicológicas

Estas barreras tienen que ver con los estados emocionales y mentales de los participantes:

— Prejuicios o estereotipos.

 Un empleado que presenta un proyecto innovador percibe que su jefe lo descarta automáticamente porque cree que "los jóvenes no tienen suficiente experiencia.". Solución: fomentar un ambiente de apertura, haciendo preguntas como: "¿qué puntos específicos crees que podrían ser mejorados en esta propuesta?".

— Estrés, ansiedad o nerviosismo.

 Una estudiante que tiene que exponer frente a su clase olvida partes importantes de su presentación debido al nerviosismo. Solución: practicar técnicas de respiración antes de la exposición y prepararse con simulaciones para aumentar la confianza.

— Falta de autoconfianza.

 Un colaborador evita proponer una idea en una reunión porque siente que no es suficientemente valiosa. Solución: fomentar la participación mediante preguntas abiertas, como: "¿alguien tiene ideas para complementar este plan?" y valorar cada aportación positivamente.

1.5.3. Barreras semánticas

Las barreras semánticas se producen cuando el emisor y el receptor interpretan el significado de un mensaje de manera diferente. Estas barreras surgen del uso inadecuado del lenguaje, la falta de precisión en las palabras o el desconocimiento del código utilizado.

A) Causas comunes de las barreras semánticas

1. Uso de tecnicismos o jerga: en contextos profesionales, el exceso de términos técnicos puede resultar incomprensible para personas ajenas a ese ámbito.

 En una charla médica, decir "es una arritmia supraventricular paroxística" a un paciente puede ser confuso. Lo ideal sería explicarlo de forma sencilla: "es una alteración en el ritmo del corazón que aparece de repente".

2. Ambigüedad en el lenguaje: cuando las palabras tienen más de un significado o el mensaje no está estructurado claramente, puede malinterpretarse.

 La frase "Debes entregarlo pronto" es ambigua. ¿Qué significa "pronto"? ¿En una hora? ¿Mañana? Lo correcto sería especificar: "debes entregarlo antes de las 18:00".

3. Falsos supuestos: a veces, damos por sentado que el receptor entiende lo mismo que nosotros, pero no siempre es así.

 Una empresa envía un manual con instrucciones complejas asumiendo que todos los empleados tienen el mismo nivel de conocimiento.

B) Cómo superar las barreras semánticas

— Adaptar el lenguaje al receptor: utilizar palabras y expresiones adecuadas según el nivel de comprensión de la audiencia.

— Evitar la ambigüedad: ser claro y concreto al expresar ideas.

— Confirmar la comprensión: pedir al receptor que repita o resuma el mensaje para verificar que ha sido entendido.

— Utilizar ejemplos o metáforas: ilustrar conceptos complejos con ejemplos cotidianos ayuda a facilitar la comprensión.

1.5.4. Barreras culturales

Las diferencias culturales representan un desafío significativo en la comunicación. Cada cultura tiene sus propias normas, valores y estilos comunicativos, lo que puede generar malentendidos o conflictos si no se gestionan correctamente.

A) Manifestaciones de las barreras culturales

1. Diferencias en el lenguaje y expresiones idiomáticas: algunas palabras o frases no tienen un equivalente directo en otros idiomas, lo que puede generar confusión.

 El uso de expresiones coloquiales como "estar en las nubes" puede no ser comprendido en otras culturas.

2. Normas sobre la comunicación no verbal: el contacto visual, los gestos o la proximidad física tienen diferentes significados según la cultura.

 En países asiáticos, evitar el contacto visual prolongado puede ser una señal de respeto, mientras que en Occidente se interpreta como desinterés o inseguridad.

3. Percepción del tiempo: en algunas culturas, ser puntual es una norma estricta; en otras, la flexibilidad en los horarios es aceptada.

 Por ejemplo, llegar cinco minutos tarde en Japón puede considerarse una falta de respeto, mientras que en Latinoamérica es más tolerable.

B)   Cómo superar las barreras culturales

— Sensibilidad intercultural: comprender y respetar las diferencias culturales.

— Capacitación en competencias culturales: en contextos profesionales, la formación en diversidad cultural es clave para mejorar la comunicación.

— Uso de un lenguaje universal: evitar expresiones locales o demasiado informales y optar por términos neutros y globales.

— Escucha activa y paciencia: mostrar interés genuino en comprender la perspectiva del otro.

1.5.5.   Barreras tecnológicas

En la actualidad, la tecnología es un canal fundamental para la comunicación. Sin embargo, su mal uso o las dificultades técnicas pueden convertirse en obstáculos que afectan la transmisión del mensaje.

A)   Principales barreras tecnológicas

1. Fallas en los medios digitales. Problemas de conexión a Internet, cortes de audio o errores en plataformas virtuales.

 Durante una videoconferencia, el audio entrecortado o la imagen congelada dificulta la comprensión del mensaje.

2. Uso inadecuado de herramientas. No todos los participantes dominan las herramientas tecnológicas de la misma manera.

 Un docente que utiliza una plataforma compleja sin dar instrucciones claras puede perder la atención de los alumnos.

3. Falta de lenguaje no verbal. La comunicación digital limita los gestos, la postura y el tono de voz, elementos esenciales en la interpretación del mensaje.

 Un correo electrónico con un tono neutro puede parecer distante o frío sin intención.

B) Cómo superar las barreras tecnológicas

— Preparación previa: probar las herramientas tecnológicas antes de la comunicación.

— Simplificación: utilizar plataformas intuitivas y ofrecer formación si es necesario.

— Uso complementario de canales: enviar un resumen por escrito tras una reunión virtual para reforzar el mensaje.

— Claridad en el lenguaje: compensar la falta de comunicación no verbal con mensajes bien estructurados y explícitos.

2. La comunicación asertiva

2.1. ¿Cuál es tu nivel de asertividad?

A continuación, se presentan **10 afirmaciones** que describen comportamientos comunicativos en diversas situaciones. Para cada afirmación, evalúa tu comportamiento habitual seleccionando una de las siguientes opciones:

Puntuación	Significado
1	Nunca o casi nunca lo hago.
2	A veces lo hago.
3	Lo hago con frecuencia.
4	Siempre o casi siempre lo hago.

Al final, suma tu puntuación total y revisa los resultados para interpretar tu nivel de asertividad.

Afirmaciones

1. Expreso mis opiniones y necesidades con claridad, aunque sean diferentes a las de los demás.

2. Digo "no" cuando es necesario, sin sentirme culpable ni dar demasiadas explicaciones.

3. Soy capaz de dar críticas constructivas sin atacar o herir a la otra persona.

4. Cuando recibo críticas, las escucho con calma y pido aclaraciones si no las entiendo.

5. Muestro empatía hacia los sentimientos y puntos de vista del interlocutor, aunque no esté de acuerdo con ellos.

6. Mantengo el contacto visual y una postura abierta al comunicarme con otras personas.

7. Uso frases en primera persona (como "yo siento", "yo pienso") para expresar mis emociones sin culpar al otro.

8. Soy capaz de mantener mi posición con firmeza y calma cuando alguien intenta manipularme o presionarme.

9. Expreso mis emociones de manera adecuada, sin reprimirlas ni reaccionar de forma impulsiva.

10. En situaciones conflictivas, busco soluciones dialogando de manera respetuosa y equilibrada.

Puntuación e interpretación de resultados

Rango de puntuación	Nivel de asertividad
10 - 15 puntos	**Nivel bajo:** tu comunicación tiende a ser pasiva. Es posible que te cueste expresar tus necesidades y derechos. Trabaja en el desarrollo de técnicas asertivas para ganar confianza.
16 - 25 puntos	**Nivel medio:** muestras cierto nivel de asertividad, pero hay situaciones en las que actúas de manera pasiva o agresiva. Identifica las áreas a mejorar y practica con técnicas específicas.

Rango de puntuación	Nivel de asertividad
26 - 35 puntos	**Nivel asertivo:** tienes un buen equilibrio en tu comunicación. Sueles expresarte con claridad y respeto, defendiendo tus derechos sin invadir los de los demás. Continúa reforzando estas habilidades.
36 - 40 puntos	**Nivel alto:** tu asertividad es excelente. Logras comunicarte con firmeza, empatía y claridad, manteniendo relaciones positivas y resolviendo conflictos de manera constructiva.

Una vez que hayas completado la escala, reflexiona sobre tus fortalezas y áreas de mejora en cuanto a tu estilo comunicativo. Utiliza esta herramienta como punto de partida para aplicar las técnicas de asertividad desarrolladas a continuación para relacionarte de manera efectiva y equilibrada.

La comunicación asertiva se considera una de las habilidades clave dentro del desarrollo personal y profesional, porque implica expresar lo que pensamos, sentimos o necesitamos de una manera clara, honesta y respetuosa, sin atropellar los derechos de los demás ni permitir que los nuestros sean vulnerados. La asertividad, en esencia, representa un equilibrio entre la comunicación pasiva y la agresiva: una postura firme pero respetuosa, que facilita la comprensión mutua y fortalece las relaciones interpersonales.

En un mundo donde abundan los conflictos, las malas interpretaciones y las tensiones emocionales, ser asertivo es una ventaja extraordinaria. La comunicación asertiva no solo mejora las relaciones interpersonales, sino que también potencia la autoestima, reduce el estrés y permite resolver situaciones difíciles de manera constructiva.

2.2. Definición y características de la comunicación asertiva

La comunicación asertiva se define como la habilidad para expresar ideas, sentimientos y necesidades de una forma clara, honesta y respetuosa, defendiendo los propios derechos sin menospreciar a los demás. Es, en definitiva, un estilo de comunicación que fomenta el respeto mutuo y el entendimiento.

El término asertividad proviene del latín *assertus*, que significa afirmar o defender algo. Es decir, la persona asertiva se afirma a sí misma, comunica sus pensamientos con firmeza, pero lo hace desde el respeto.

La comunicación asertiva presenta unas características distintivas que la diferencian de otros estilos:

— **Claridad y honestidad**

La persona asertiva expresa lo que realmente piensa o siente, sin rodeos ni ambigüedades. Su mensaje es directo y transparente, evitando malentendidos. Por ejemplo: "No puedo quedarme a trabajar más tarde hoy porque tengo un compromiso personal importante".

— **Respeto mutuo**

En la comunicación asertiva, el respeto es un principio básico. El emisor defiende sus ideas y derechos, pero lo hace reconociendo y respetando los del receptor. Ejemplo: "Entiendo que tienes una opinión diferente, pero me gustaría que también consideraras mi punto de vista".

— **Tono calmado y firme**

El tono de voz en la comunicación asertiva es firme, pero no agresivo. La persona mantiene el control emocional, sin elevar la voz ni mostrar hostilidad.

— **Lenguaje no verbal coherente**

Los gestos, la postura y el contacto visual en la comunicación asertiva son congruentes con el mensaje verbal. El lenguaje corporal es abierto, relajado y seguro. Por ejemplo, mantener el contacto visual sin ser desafiante, asentir mientras escuchamos y mantener una postura erguida.

— **Capacidad para decir "no"**

La asertividad implica saber poner límites y decir "no" cuando es necesario, sin sentir culpa ni ofrecer explicaciones excesivas. Ejemplo: "Lo siento, pero no puedo ayudarte con esto en este momento".

— **Uso de mensajes en primera persona**

La persona asertiva utiliza frases que comienzan con "yo" para expresar sus sentimientos y opiniones sin culpar al otro. Por ejemplo: "Yo me siento frustrado cuando no respetas los plazos porque eso afecta mi trabajo".

— **Importancia de la comunicación asertiva**

La comunicación asertiva es fundamental porque permite:

- Expresar ideas y emociones de forma auténtica.

- Evitar conflictos innecesarios y resolver problemas de manera constructiva.

- Fortalecer las relaciones interpersonales, basadas en el respeto y la confianza.

- Mejorar la autoestima al reafirmar nuestras necesidades y derechos.

- Reducir el estrés al evitar la acumulación de frustración o resentimiento.

2.3. Relación entre asertividad y autoestima

La relación entre asertividad y autoestima es directa y fundamental: a mayor autoestima, mayor capacidad para ser asertivo; y cuanto más asertiva es una persona, más sólida y saludable se vuelve su autoestima. Ambas habilidades se retroalimentan, formando un círculo virtuoso que favorece el desarrollo personal y profesional.

La autoestima se define como la valoración que una persona tiene de sí misma, basada en la percepción de sus capacidades, logros y valor como individuo. La comunicación asertiva, por su parte, es la habilidad de expresar pensamientos y emociones respetando tanto los propios derechos como los de los demás.

¿Cómo influye la autoestima en la comunicación asertiva?

Una autoestima saludable es el punto de partida para desarrollar un estilo de comunicación asertivo. Las personas con alta autoestima tienden a:

— Reconocer su propio valor: saben que sus opiniones, emociones y necesidades son válidas, lo que les permite expresarlas sin miedo al rechazo.

— Sentirse seguras de sí mismas: esta seguridad interna les da firmeza para comunicar lo que piensan de manera clara y respetuosa.

— Establecer límites: tienen la confianza necesaria para decir "no" cuando es preciso, sin sentirse culpables ni desvalorizadas.

— Buscar soluciones en lugar de evitar problemas: al sentirse competentes y valiosas, enfrentan los conflictos de manera constructiva en lugar de adoptar actitudes pasivas o agresivas.

Por el contrario, las personas con una baja autoestima pueden experimentar dificultades para ser asertivas. Suelen:

— Dudar de su propio valor: creen que sus opiniones no importan, lo que las lleva a adoptar un estilo de comunicación pasivo.

— Temer el rechazo o la crítica: evitan expresar lo que piensan por miedo a no ser aceptadas.

— Reaccionar de manera agresiva: a veces, la inseguridad se manifiesta en respuestas agresivas como un mecanismo de defensa para ocultar su vulnerabilidad.

 Imagina a dos personas en una reunión de trabajo. Una de ellas, con alta autoestima, se siente cómoda para expresar su desacuerdo con una propuesta, diciendo: "Entiendo tu idea, pero creo que podríamos considerar esta alternativa porque tiene mejores resultados". La otra, con baja autoestima, guarda silencio o murmura un comentario evasivo, temerosa de que su opinión sea rechazada.

¿Cómo influye la asertividad en la autoestima?

Si la autoestima es la base de la asertividad, la comunicación asertiva también fortalece y construye una autoestima saludable. Al expresar nuestros pensamientos y emociones de manera firme y respetuosa, obtenemos varios beneficios:

— Reafirmamos nuestro valor personal: ser asertivos nos ayuda a reconocer que nuestras ideas y necesidades son importantes y merecen ser escuchadas. Ejemplo: decir con tranquilidad: "No puedo hacerme cargo de este proyecto adicional ahora mismo, pero puedo colaborar en otra tarea más adelante". Esta respuesta nos valida como individuos responsables que saben priorizar su tiempo.

— Fortalecemos la autoconfianza: al expresar nuestras opiniones y necesidades con éxito, ganamos confianza en nuestra capacidad para manejar situaciones difíciles.

— Evitamos el resentimiento y la frustración: cuando no comunicamos lo que sentimos, acumulamos emociones negativas que erosionan nuestra autoestima. La asertividad permite liberar esas tensiones de forma constructiva.

— Fomentamos relaciones más sanas: la comunicación asertiva establece una base de respeto y claridad, lo que mejora nuestras interacciones y nos hace sentir más valorados en nuestras relaciones.

— Tomamos el control de nuestras vidas: la asertividad nos permite actuar de acuerdo con nuestros valores y necesidades, en lugar de dejarnos llevar por la voluntad de otros.

La práctica de la asertividad es, en sí misma, un acto de autovaloración; cada vez que defendemos nuestro derecho a opinar, a sentir o a decidir, estamos enviándonos el mensaje de que merecemos respeto. A largo plazo, esta práctica se traduce en un aumento significativo de la autoestima.

 Una persona que siempre ha tenido dificultades para decir "no" a peticiones excesivas decide comenzar a ser más asertiva. Al negarse a una solicitud poco razonable, dice: "Lo siento, pero no puedo ayudarte con esto ahora mismo porque tengo otras prioridades que atender".

Al hacerlo, no solo establece un límite claro, sino que también se reafirma como alguien que valora su tiempo y sus necesidades.

Este pequeño acto tiene un impacto positivo en su autopercepción. La persona se siente más segura, más respetada y más alineada con sus valores.

Factores que afectan la relación entre asertividad y autoestima

Algunos factores externos e internos pueden influir en la capacidad de una persona para ser asertiva y en su autoestima:

33

— Educación y entorno familiar: las personas criadas en entornos autoritarios o donde no se valoraba su opinión pueden tener dificultades para ser asertivas.

— Experiencias pasadas: situaciones de rechazo, fracaso o críticas constantes pueden debilitar la autoestima y fomentar estilos de comunicación pasivos o agresivos.

— Entorno cultural y social: en algunas culturas, expresar opiniones propias se considera inapropiado, lo que limita el desarrollo de la asertividad.

— Creencias limitantes: pensamientos como "Si digo lo que pienso, se enfadarán conmigo" o "Mis opiniones no son importantes" afectan negativamente tanto la asertividad como la autoestima.

2.4. Diferencias entre estilos de respuesta: pasivo, agresivo y asertivo

2.4.1. Los diferentes estilos

En la comunicación interpersonal, las personas tienden a expresar sus pensamientos y sentimientos a través de distintos estilos de respuesta. Estos estilos reflejan no solo nuestra manera de comunicarnos, sino también cómo gestionamos nuestras emociones, defendemos nuestros derechos y nos relacionamos con los demás.

Los tres estilos más comunes son:

— Comunicación pasiva.

— Comunicación agresiva.

— Comunicación asertiva.

Cada uno de estos estilos tiene características propias, efectos en las relaciones y consecuencias para la autoestima y el bienestar emocional. A continuación, analizaremos cada uno en profundidad y compararemos sus diferencias para comprender mejor por qué la comunicación asertiva es la más efectiva.

2.4.2. Estilo pasivo

La comunicación pasiva se caracteriza por la renuncia a expresar pensamientos, sentimientos o necesidades. Las personas con un estilo pasivo tienden a evitar los conflictos, ceder ante los deseos de los demás y priorizar las necesidades ajenas por encima de las propias.

Características del estilo pasivo

Evitan decir lo que piensan o sienten: les resulta difícil defender sus opiniones o expresar desacuerdo.

Uso de un lenguaje inseguro: suelen utilizar expresiones vagas, dubitativas y poco firmes, como "creo que…" o "quizá podríamos…".

Lenguaje no verbal sumiso: mantienen una postura encogida, miran hacia abajo y hablan con un tono de voz bajo.

Miedo al rechazo o al conflicto: prefieren callar o someterse para evitar confrontaciones.

Consecuencias del estilo pasivo

Acumulación de frustración: al no expresar sus necesidades, estas personas tienden a sentir resentimiento o enojo hacia sí mismas o los demás.

Pérdida de autoestima: al no defender sus derechos, se envían el mensaje de que sus opiniones no son importantes.

Relaciones desequilibradas: los demás pueden aprovecharse de su actitud sumisa.

Falta de reconocimiento: sus logros o aportaciones pasan desapercibidos porque no los comunican con firmeza.

Imagina a un compañero de trabajo al que le asignan tareas que no le corresponden. Aunque se siente molesto y sobrecargado, dice con voz baja y nerviosa: "Está bien… puedo hacerlo yo también, no hay problema". Este comportamiento evita el conflicto inmediato, pero a largo plazo genera frustración y afecta su autoestima.

2.4.3. Estilo agresivo

El estilo agresivo es el opuesto al pasivo. Las personas con una comunicación agresiva tienden a imponer sus opiniones, defender sus derechos de forma desconsiderada y desvalorizar a los demás en el proceso. Aunque logran expresar lo que piensan, lo hacen de una manera que genera tensión, conflictos y resentimiento.

A) Características del estilo agresivo

Expresan pensamientos y sentimientos de forma dominante: no escuchan ni consideran las opiniones ajenas.

Uso de un lenguaje ofensivo: emplean críticas, juicios y palabras despectivas.

Lenguaje no verbal intimidante: adoptan posturas dominantes, mantienen contacto visual desafiante y elevan el tono de voz.

Necesidad de control: buscan imponerse para ganar discusiones o situaciones.

B) Consecuencias del estilo agresivo

Deterioro de las relaciones: su actitud genera miedo, rechazo y resentimiento en los demás.

Conflictos frecuentes: la falta de respeto provoca discusiones constantes.

Soledad y aislamiento: a largo plazo, las personas agresivas pueden perder el apoyo y la confianza de los demás.

Autoestima falsa: aunque parecen seguros de sí mismos, su comportamiento suele ocultar inseguridades o miedos.

 Un líder de equipo recibe un informe con errores y, en lugar de señalarlo con respeto, grita: "Esto es inaceptable, no sé cómo puedes ser tan incompetente". Aunque logra expresar su insatisfacción, su estilo agresivo daña la relación y desmotiva al equipo.

2.4.4. Estilo asertivo

La comunicación asertiva es el punto de equilibrio entre el estilo pasivo y el agresivo. La persona asertiva expresa sus pensamientos, sentimientos y necesidades de manera clara, firme y respetuosa, sin imponer ni someterse. Es capaz de defender sus derechos sin violar los de los demás.

A) Características del estilo asertivo

Expresión honesta y directa: comunican lo que piensan y sienten sin rodeos ni agresividad.

Respeto mutuo: defienden sus derechos respetando los de los demás.

Lenguaje claro y firme: utilizan mensajes en primera persona ("yo pienso", "yo siento") para evitar culpar o atacar.

Lenguaje no verbal seguro: mantienen contacto visual relajado, una postura erguida y un tono de voz calmado pero firme.

Escucha activa: muestran interés en las opiniones de los demás y buscan soluciones conjuntas.

B) Consecuencias del estilo asertivo

Mejora de las relaciones: la asertividad crea un clima de respeto y entendimiento mutuo.

Reducción del estrés: al expresar lo que sienten, las personas asertivas evitan acumular frustración.

Fortalecimiento de la autoestima: comunicar con éxito reafirma el valor personal y aumenta la confianza.

Soluciones constructivas: la asertividad fomenta el diálogo y facilita la resolución de conflictos.

Siguiendo el ejemplo anterior, un líder recibe un informe con errores y dice: "He notado algunos errores en este informe. Me gustaría que lo revisaras y me lo entregaras corregido mañana. Si necesitas ayuda, estoy aquí para orientarte". Esta respuesta es clara, respetuosa y constructiva.

2.4.5. Comparación entre los tres estilos

La siguiente tabla resume las diferencias clave entre los estilos de respuesta:

Aspecto	Pasivo	Agresivo	Asertivo
Objetivo	Evitar conflictos.	Imponer opiniones.	Expresar ideas respetando al otro.
Actitud	Sumisa, evasiva.	Dominante, irrespetuosa.	Firme, respetuosa.
Lenguaje verbal	Inseguro, indirecto.	Ofensivo, autoritario.	Claro, directo.
Lenguaje no verbal	Encogido, evasivo.	Intimidante, desafiante.	Relajado, seguro.
Impacto en la autoestima	Baja autoestima.	Autoestima frágil (oculta).	Autoestima positiva.
Relaciones interpersonales	Desequilibradas, con abuso.	Conflictivas, con resentimiento.	Equilibradas, con respeto.

2.5. Técnicas para desarrollar la asertividad

La asertividad, como habilidad comunicativa, no es innata en la mayoría de las personas. Se trata de una competencia que requiere entrenamiento consciente y práctica continua. Afortunadamente, existen múltiples técnicas y estrategias que facilitan el desarrollo de una comunicación asertiva, ayudando a las personas a expresarse con claridad, firmeza y respeto.

A continuación, exploraremos las técnicas más efectivas para desarrollar la asertividad.

A) La técnica del "yo"

Una de las bases fundamentales de la comunicación asertiva es utilizar mensajes en primera persona para expresar nuestras emociones, pensamientos y necesidades sin culpar ni atacar al interlocutor. Al hablar desde el "yo", logramos responsabilizarnos de lo que sentimos sin generar una reacción defensiva en el otro.

Estructura de un mensaje en primera persona. Un mensaje asertivo suele estructurarse en tres partes:

1. Describir la situación de forma objetiva (sin juicios ni interpretaciones).

2. Expresar cómo te hace sentir esa situación.

3. Proponer una solución o pedir lo que necesitas.

Siguiendo el ejemplo anterior, un líder recibe un informe con errores y dice: "He notado algunos errores en este informe. Me gustaría que lo revisaras y me lo entregaras corregido mañana. Si necesitas ayuda, estoy aquí para orientarte". Esta respuesta es clara, respetuosa y constructiva.

En lugar de decir: "Nunca me escuchas, siempre estás distraído" (mensaje agresivo), podemos decir: 1. "Cuando hablo y no me miras, 2. siento que no estoy siendo escuchado. 3. Me gustaría que prestaras más atención" (mensaje asertivo).

Por qué funciona:

— Evita culpar o atacar al otro.

— Expresa emociones sin agresividad.

— Abre la puerta al diálogo constructivo.

B) La técnica del disco rayado

Esta técnica consiste en repetir una y otra vez un mensaje claro y coherente, sin caer en provocaciones, justificaciones excesivas o discusiones innecesarias. Es muy útil para defender nuestros derechos y decir "no" de manera firme, especialmente frente a personas insistentes o manipuladoras.

Pasos para aplicar la técnica del disco rayado:

— Expresa tu posición de manera clara y respetuosa.

— Mantén la calma y evita entrar en discusiones emocionales.

— Repite tu mensaje cuantas veces sea necesario.

Persona insistente: "Pero, ¿por qué no vienes a ayudarme? Es solo una hora más, no seas así".

Respuesta asertiva (disco rayado): "Lo siento, pero no puedo ayudarte hoy. Tengo otros compromisos que no puedo dejar".

Si la otra persona sigue insistiendo: "Entiendo lo que dices, pero no puedo ayudarte hoy. Lo siento mucho".

Por qué funciona:

— Evita que te manipulen o convenzan de algo que no deseas.

— Te reafirma en tu posición sin ser agresivo.

— Refuerza tu capacidad para decir "no" de manera firme y respetuosa.

C)   La técnica del banco de niebla

Esta estrategia es especialmente útil en situaciones donde el interlocutor adopta un tono agresivo, crítico o provocador. Consiste en dar la razón parcialmente o validar el punto del otro sin ceder ni perder la calma. Al hacerlo, evitas el conflicto y desarmas al otro, que deja de encontrar oposición para atacar.

Cómo aplicar el banco de niebla:

— Escucha activamente lo que dice la otra persona.

— Reconoce la parte de verdad en su comentario (aunque sea mínima).

— Responde de manera calmada y neutral, sin entrar en discusión.

 Comentario crítico: "Siempre llegas tarde, parece que no te importa el trabajo". Respuesta asertiva: "Es cierto que hoy llegué tarde, y lamento que eso te haya dado esa impresión. Trataré de ser más puntual en el futuro".

Por qué funciona:

— Desarma a la persona agresiva al evitar confrontación directa.

— Refuerza tu posición sin generar conflicto innecesario.

— Mantiene el control emocional y evita escaladas de tensión.

D)   Técnica de la pregunta asertiva

La pregunta asertiva es una técnica que consiste en pedir aclaraciones cuando recibimos críticas o comentarios negativos. El objetivo es evitar reacciones emocionales defensivas y entender mejor lo que el interlocutor quiere decir.

Pasos para aplicar la técnica:

— Mantén la calma y escucha la crítica con atención.

— Responde con preguntas claras y neutrales.

— Solicita ejemplos específicos o aclaraciones para comprender mejor.

 Crítica: "Tu informe no tiene sentido, no sirve para nada".

Respuesta asertiva: "¿Podrías explicarme qué partes del informe no te parecen claras o útiles?".

Por qué funciona:

— Permite entender la crítica de forma constructiva.

— Evita reacciones impulsivas basadas en el ego.

— Facilita encontrar soluciones y mejorar la situación.

E) Técnica de la asertividad empática

La asertividad empática combina la expresión honesta de nuestras emociones y necesidades con la empatía hacia los sentimientos y puntos de vista del interlocutor. Es una herramienta poderosa para resolver conflictos y mantener relaciones saludables.

Cómo aplicar la asertividad empática:

1. Reconoce y valida las emociones del otro.

2. Expresa tu opinión o necesidad de manera respetuosa.

3. Busca un punto de acuerdo o solución conjunta.

 Situación: Un compañero de trabajo se siente molesto porque no participaste en su proyecto.

Respuesta asertiva empática: "Entiendo que te sientas molesto porque no pude ayudarte con tu proyecto. La verdad es que también tenía otras responsabilidades que no podía dejar de lado. Me gustaría que pudiéramos organizarnos mejor en el futuro para trabajar juntos".

Por qué funciona:

— Reconoce las emociones ajenas sin renunciar a tus propios derechos.

— Genera un clima de respeto y apertura al diálogo.

— Facilita la búsqueda de soluciones conjuntas.

3.   La escucha activa

3.1.   Definición y elementos clave de la escucha activa

La escucha activa es un proceso consciente y voluntario que implica prestar atención plena al mensaje del interlocutor, tanto a nivel verbal como no verbal. Escuchar activamente significa no solo oír, sino comprender, interpretar y dar respuesta al mensaje que se nos transmite.

Carl Rogers, uno de los fundadores de la psicología humanista, definió la escucha activa como una escucha empática donde el receptor intenta ver el mundo desde la perspectiva del emisor, sin juzgar ni interrumpir, proporcionando espacio y validación al otro.

La escucha activa es una habilidad esencial para una comunicación efectiva, aunque a menudo pasa desapercibida en el proceso comunicativo. Solemos pensar que escuchar es algo automático, algo que hacemos sin esfuerzo. Sin embargo, escuchar de verdad –con atención, comprensión y empatía– requiere práctica y conciencia. Escuchar activamente implica no solo oír palabras, sino también comprender el significado real detrás de ellas, identificar las emociones del interlocutor y responder de forma adecuada.

La escucha activa es un componente clave en el desarrollo de relaciones interpersonales saludables, ya sea en el ámbito profesional, educativo o personal. Cuando practicamos la escucha activa, demostramos respeto, interés y empatía hacia la otra persona, lo que facilita el entendimiento mutuo y la construcción de confianza.

La escucha activa implica:

— Estar mental y emocionalmente presentes en la conversación.

— Comprender no solo las palabras, sino también las emociones y el contexto.

— Confirmar que hemos entendido el mensaje mediante la retroalimentación.

Imagina que un amigo te dice: "Estoy agobiado, siento que el trabajo me supera". Una escucha activa no sería responder con: "Bueno, todos estamos estresados, no pasa nada". En cambio, una respuesta que demostraría una escucha activa sería: "Entiendo que te sientas así, parece que estás bajo mucha presión. ¿Hay algo que pueda hacer para ayudarte?".

La escucha activa se compone de varios elementos fundamentales que garantizan su efectividad. Estos son:

— **Atención plena.** La atención es el primer paso para una escucha activa. Implica centrarse completamente en el interlocutor, dejando de lado distracciones físicas y mentales. Clave: elimina cualquier distracción (teléfono, pensamientos ajenos) y mantén tu enfoque en la persona que habla.

— **Presencia emocional.** Escuchar no solo implica captar información, sino también conectar emocionalmente con el emisor. Ser empático es fundamental. Ejemplo: identificar si el interlocutor está triste, enfadado o emocionado para responder de manera adecuada.

— **Observación del lenguaje no verbal.** La comunicación no verbal (gestos, posturas, expresiones faciales) proporciona información adicional que complementa el mensaje verbal. Por ejemplo: un interlocutor que dice "Estoy bien" con los brazos cruzados y evitando el contacto visual probablemente no está bien.

— **Parafraseo.** Repetir o reformular lo que el interlocutor ha dicho ayuda a confirmar que has entendido el mensaje correctamente. Por ejemplo, "Si entiendo bien, lo que me dices es que estás preocupado por los resultados del proyecto, ¿es así?".

— **Evitar interrupciones y juicios.** Una escucha activa requiere paciencia. Interrumpir o emitir juicios prematuros bloquea la comunicación y hace que la otra persona se sienta invalidada.

— **Hacer preguntas abiertas.** Las preguntas abiertas fomentan la profundización en el mensaje y demuestran interés. Ejemplo: "¿Qué te ha llevado a sentirte así?", en lugar de "¿Estás seguro de que no exageras?".

3.2. Cómo identificar y eliminar interferencias en la escucha

Interferencias externas

Interferencias internas

Filtros personales

Interrupciones constantes

Aunque escuchar parece un proceso natural, existen múltiples interferencias que afectan nuestra capacidad de atención y comprensión. Identificarlas es el primer paso para superarlas.

— **Interferencias externas:** son los ruidos o distracciones del entorno físico que dificultan la escucha. Ejemplo: conversar en un café ruidoso, una llamada telefónica interrumpida por notificaciones constantes, o una reunión con poca privacidad.

Posibles soluciones:

• Buscar un entorno adecuado y libre de ruidos.

• Silenciar dispositivos electrónicos durante una conversación importante.

— **Interferencias internas:** estas barreras provienen de nuestro estado mental o emocional. Incluyen distracciones, pensamientos ajenos, estrés o juicios internos. Por ejemplo, mientras alguien habla, tu mente está preocupada por una tarea pendiente o recordando una discusión reciente.

Posibles soluciones:

• Reconocer y gestionar emociones que interfieren en el proceso.

• Practicar atención plena para redirigir el enfoque al interlocutor.

— **Filtros personales:** nuestros valores, creencias y experiencias afectan cómo interpretamos los mensajes. Muchas veces oímos lo que queremos o esperamos oír, distorsionando el mensaje real. Ejemplo: una crítica constructiva puede ser malinterpretada como un ataque si tenemos baja autoestima.

Posibles soluciones:

- Adoptar una actitud abierta y neutral, evitando prejuicios.

- Practicar el parafraseo para confirmar lo que realmente se dijo.

— **Interrupciones constantes:** interrumpir al interlocutor no solo rompe el flujo de la comunicación, sino que también transmite falta de respeto o interés.

Posibles soluciones:

- Escuchar con paciencia, dejando que la persona termine sus ideas.

- Utilizar gestos no verbales (como asentir) para mostrar que estamos prestando atención.

3.3. Técnicas para mejorar la capacidad de escucha

La escucha activa no es solo una habilidad que surge de manera espontánea; es una competencia que se desarrolla con práctica constante y la aplicación de técnicas específicas. A continuación, se presentan las técnicas más efectivas para mejorar la escucha activa.

3.3.1. Practicar la atención plena *(mindfulness)*

La atención plena, o *mindfulness*, consiste en enfocar la mente en el momento presente sin juzgar, permitiendo una conexión auténtica con la otra persona. Cuando se aplica la escucha activa, implica no solo oír las palabras del interlocutor, sino también captar el tono, las emociones y el lenguaje no verbal. Esto facilita una comprensión más profunda del mensaje y fortalece las relaciones.

Pasos para practicar la atención plena en la escucha activa:

— **Prepara tu mente y cuerpo**

- Antes de iniciar una conversación, respira profundamente unas cuantas veces para centrarte.

- Libera tu mente de preocupaciones externas, como tareas pendientes o conflictos recientes.

— **Elimina distracciones**

- Apaga o silencia tu teléfono móvil.

- Elige un entorno tranquilo y cómodo, cuando sea posible.

- Haz contacto visual con el interlocutor para establecer conexión.

— **Enfócate completamente en el interlocutor**

- Escucha sin planificar tu respuesta mientras la otra persona habla.

- Mantén una postura corporal que denote interés, como inclinarte ligeramente hacia adelante.

— **Usa señales de atención plena**

- Asiente suavemente para mostrar que estás prestando atención.

- Repite mentalmente las ideas clave del mensaje para mantenerte enfocado.

— **Observa el lenguaje no verbal**

- Fíjate en los gestos, expresiones faciales y tono de voz del interlocutor. Esto te dará pistas sobre sus emociones subyacentes.

— **Reflexiona antes de responder**

- Tómate unos segundos para organizar tu respuesta después de que el interlocutor termine de hablar. Esto demuestra que valoras lo que ha dicho.

3.3.2. Parafrasear

La técnica de parafrasear consiste en repetir con tus propias palabras lo que el interlocutor ha dicho, para asegurarte de que lo has entendido correctamente. Esta técnica no solo confirma la comprensión, sino que también muestra al interlocutor que le estás prestando atención.

Cómo parafrasear de manera efectiva:

— Escucha atentamente lo que dice el interlocutor.

— Reformula el mensaje con tus palabras.

— Pide confirmación para verificar que tu interpretación es correcta.

Interlocutor: "Me siento desbordado con el nuevo proyecto porque no me han dado suficiente tiempo para prepararlo".

Respuesta con parafraseo: "Si entiendo bien, te sientes agobiado porque el tiempo asignado al proyecto ha sido insuficiente, ¿es así?".

Ventajas de parafrasear:

— Evita malentendidos y distorsiones en el mensaje.

— Ayuda a mantener la conversación centrada en el tema principal.

— Hace que el interlocutor se sienta escuchado y comprendido.

El parafraseo y la retroalimentación, elementos de la comunicación que ya hemos visto anteriormente, son herramientas fundamentales en la comunicación, aunque cumplen funciones distintas. El parafraseo es una técnica de escucha activa que reformula el mensaje del interlocutor con el objetivo de confirmar su comprensión y demostrar atención. Por otro lado, la retroalimentación incluye una valoración o sugerencias sobre lo dicho, buscando mejorar la comunicación o el desempeño del interlocutor.

Parafraseo: se aplica durante la conversación, enfocándose exclusivamente en el contenido del mensaje para evitar malentendidos y reforzar la conexión.

Ejemplo: "Entonces, lo que dices es que te sientes muy cansado por las reuniones, ¿correcto?".

Retroalimentación: ocurre al final del intercambio, con el objetivo de guiar y aportar soluciones.

Ejemplo: "Entiendo que te sientes cansado por tantas reuniones. Quizá sería útil revisar tu agenda para reducir compromisos. ¿Qué opinas?".

Ambas herramientas son complementarias, el parafraseo asegura comprensión y la retroalimentación fomenta la mejora continua y el aprendizaje.

A) Realizar preguntas abiertas y reflexivas

Las preguntas abiertas son aquellas que no se responden con un simple "sí" o "no". Invitan al interlocutor a profundizar en su mensaje y a compartir más información. Por otro lado, las preguntas reflexivas permiten explorar los pensamientos y sentimientos detrás de lo que se dice.

B) Cómo formular preguntas abiertas y reflexivas

Comienza con frases como "¿Por qué...?", "¿Cómo...?", "¿Qué opinas sobre...?", "¿Podrías explicarme...?".

Evita preguntas que suenen acusatorias o cerradas.

En lugar de preguntar: "¿Estás enfadado con el resultado del informe?".

Pregunta: "¿Cómo te sientes con respecto al resultado del informe?".

Beneficios de las preguntas abiertas:

— Ayudan a obtener información más completa y precisa.

— Demuestran verdadero interés por lo que dice la otra persona.

— Fomentan la expresión de emociones y pensamientos.

Por **ejemplo**, si un compañero expresa preocupación por un problema en un proyecto, puedes preguntar:

"¿Qué aspectos del proyecto te preocupan más?".

"¿Qué ideas tienes para resolver esta situación?".

Estas preguntas no solo muestran interés, sino que también ayudan a la persona a reflexionar y a sentirse comprendida.

C) Practicar el lenguaje no verbal receptivo

La escucha activa no solo se manifiesta con las palabras, sino también con el lenguaje no verbal. Nuestros gestos, posturas y expresiones faciales comunican a la otra persona si realmente estamos prestando atención.

Principios del lenguaje no verbal receptivo:

— Mantén contacto visual: no significa mirar fijamente, sino mantener una mirada relajada que muestre interés.

— Asiente de vez en cuando: movimientos suaves de la cabeza refuerzan el mensaje de que estás comprendiendo.

— Adopta una postura abierta: evita cruzar los brazos o adoptar posturas cerradas, que pueden transmitir desinterés o incomodidad.

— Refleja emociones: si la persona está compartiendo algo triste, tu expresión debe ser coherente, mostrando comprensión.

Imagina que un amigo te está contando algo preocupante. Practicar el lenguaje no verbal receptivo sería:

— Mirar a los ojos con suavidad.

— Asentir con la cabeza para mostrar que le comprendes.

— Inclinar ligeramente el cuerpo hacia adelante en señal de interés.

3.4. Desarrollar la paciencia comunicativa

Una de las grandes dificultades en la escucha activa es la falta de paciencia. Vivimos en una sociedad acelerada donde prima la inmediatez, lo que se traduce en un impulso constante por querer responder rápido o solucionar problemas antes de entender el mensaje en su totalidad. La paciencia comunicativa nos permite crear un espacio seguro donde la otra persona pueda expresarse con tranquilidad y sentirse escuchada sin prisas ni interrupciones.

¿Por qué es importante la paciencia en la escucha?

— Permite comprender mejor el mensaje: dar tiempo al interlocutor a desarrollar sus ideas facilita obtener una visión más completa y precisa.

— Refuerza la conexión emocional: la paciencia transmite respeto y genera confianza, lo que motiva a la persona a abrirse más.

— Evita respuestas impulsivas: escuchar sin prisas ayuda a evitar malentendidos y reacciones emocionales inadecuadas.

Estrategias para practicar la paciencia comunicativa

Silencio activo: el silencio es una herramienta poderosa en la escucha activa. Permitir pausas en la conversación da tiempo al interlocutor para reflexionar y continuar hablando sin sentirse presionado.

Si alguien está compartiendo una experiencia dolorosa y se queda en silencio, no llenes el vacío con palabras. Mantén el silencio y acompáñalo con una mirada de comprensión y un gesto que invite a seguir.

Respiración consciente: cuando sientas el impulso de interrumpir o responder rápidamente, realiza una respiración profunda para redirigir tu atención al momento presente. Por ejemplo: mientras alguien expone una queja, respira profundamente antes de formular una respuesta, permitiendo que la persona termine su discurso.

Contar mentalmente hasta tres: antes de responder, cuenta hasta tres mentalmente. Este pequeño espacio de tiempo te ayudará a reflexionar sobre lo que vas a decir y a evitar interrumpir.

Aceptar el ritmo del interlocutor: no todas las personas comunican de la misma manera. Algunas necesitan más tiempo para expresar sus ideas, mientras que otras son más directas. Aprende a adaptarte al ritmo del otro sin frustrarte.

 Imagina que estás en una reunión de equipo y un compañero se expresa de manera lenta y titubeante sobre una propuesta. En lugar de interrumpirlo con tu opinión o completar sus frases, le das espacio para que termine, asintiendo con la cabeza y mostrando atención. Al final, respondes con calma: "Gracias por compartir tu idea. ¿Podrías profundizar un poco más en lo que propones?". Esta actitud no solo le da confianza al interlocutor, sino que también te permite entender mejor su mensaje.

3.5. Escucha activa en conflictos: la técnica del "reflejo emocional"

Cuando nos encontramos en una situación conflictiva, la escucha activa se convierte en una herramienta clave para reducir la tensión y facilitar el diálogo. Una de las estrategias más útiles es la técnica del reflejo emocional, que consiste en identificar y validar las emociones del interlocutor antes de ofrecer cualquier respuesta.

¿Cómo aplicar el reflejo emocional?

— Identifica la emoción principal: presta atención al tono de voz, las palabras y el lenguaje corporal del interlocutor.

— Valida su experiencia emocional: utiliza frases que reconozcan lo que la otra persona siente, como: "Entiendo que te sientas frustrado", o "Parece que esto te ha afectado mucho".

— Da espacio para la expresión: evita interrumpir o contradecir de inmediato; permite que la persona se desahogue.

Tu pareja llega a casa molesta y dice: "Siempre estás ocupado y nunca tenemos tiempo para nosotros". Una reacción defensiva sería responder: "Eso no es cierto, ayer estuvimos juntos toda la tarde".

Sin embargo, aplicar el reflejo emocional implica decir: "Entiendo que te sientas así. Parece que necesitas que pasemos más tiempo juntos. ¿Qué te parece si organizamos algo para este fin de semana?".

El beneficio de esta técnica es que desactiva la tensión porque la persona se siente comprendida y escuchada, lo que abre espacio para la búsqueda de soluciones constructivas.

4. La empatía

4.1. ¿Qué es la empatía?

La empatía puede definirse como la capacidad de comprender y compartir los sentimientos de otra persona. No se trata solo de imaginar lo que alguien más siente, sino de experimentar, aunque sea de manera parcial, su perspectiva emocional y cognitiva. Carl Rogers, un influyente psicólogo humanista, describió la empatía como "entrar en el mundo del otro sin perder el contacto con el propio".

1. Dimensión cognitiva: consiste en comprender intelectualmente los pensamientos y emociones de otra persona. Implica una perspectiva lógica que permite captar el contexto de lo que el otro experimenta.

2. Dimensión emocional: va más allá del entendimiento y se centra en conectar emocionalmente con la experiencia del interlocutor. Se refleja en frases como: "Entiendo lo que sientes" o "Puedo imaginar lo difícil que debe ser para ti".

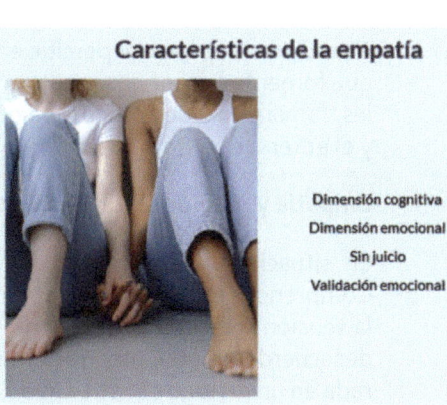

Características de la empatía

Dimensión cognitiva
Dimensión emocional
Sin juicio
Validación emocional

3. Sin juicio: la verdadera empatía requiere suspender los juicios sobre la otra persona. No se trata de evaluar si sus emociones o acciones son correctas o incorrectas, sino de aceptarlas como parte de su experiencia subjetiva.

4. Validación emocional: reconocer y validar las emociones del otro fortalece la conexión. Cuando alguien siente que sus emociones son aceptadas, es más probable que se abra y comparta de manera honesta.

Diferencias entre empatía, simpatía y compasión:

— La **empatía** implica ponerse en el lugar del otro y compartir su experiencia emocional.

— La **simpatía** consiste en sentir lástima o pena por la situación del otro, pero desde una perspectiva más distante.

— La **compasión** añade un componente de acción: no solo entendemos y sentimos, sino que buscamos aliviar el sufrimiento de la otra persona.

4.2. La importancia de la empatía para conectar con el interlocutor

La empatía es el puente que conecta a las personas en cualquier interacción. Su importancia radica en los múltiples beneficios que aporta tanto a nivel personal como profesional.

— **Empatía y confianza**

Cuando un interlocutor percibe empatía, se siente comprendido y respetado, lo que fomenta la confianza mutua. Esta conexión es crucial en relaciones laborales, familiares o de amistad, ya que la confianza es la base para la cooperación y el entendimiento.

— **Empatía y resolución de conflictos**

En situaciones de conflicto, la empatía actúa como un mediador natural. Comprender las emociones y puntos de vista de las partes involucradas reduce la tensión y facilita la búsqueda de soluciones conjuntas. Por ejemplo, en un desacuerdo laboral, mostrar empatía puede transformar una discusión acalorada en un diálogo constructivo.

— **Impacto en la salud mental**

La empatía también tiene un efecto positivo en nuestra salud emocional. Al practicarla, fortalecemos nuestras habilidades sociales, reducimos el aislamiento y fomentamos una comunicación más efectiva. Además, recibir empatía de otros nos ayuda a regular nuestras propias emociones.

— **Empatía en contextos multiculturales**

En un mundo globalizado, la empatía es fundamental para interactuar con personas de diferentes culturas y antecedentes. Reconocer y respetar las diferencias culturales a través de la empatía evita malentendidos y fomenta la inclusión.

4.3. Cómo desarrollar y aplicar la comunicación empática

Aunque algunas personas parecen ser naturalmente empáticas, la empatía es una habilidad que puede desarrollarse y perfeccionarse con la práctica.

Estrategias concretas para cultivar y aplicar la empatía en nuestras interacciones diarias:

— **Practicar la escucha activa**

La escucha activa implica prestar atención total al interlocutor, sin interrumpir ni pensar en lo que diremos a continuación. Esto requiere:

- Mantener contacto visual.

- Asentir o mostrar con gestos que estamos siguiendo el mensaje.

- Evitar distracciones, como mirar el móvil o pensar en temas ajenos.

— **Reconocer y validar emociones**

Las emociones son la base de la experiencia humana. Validarlas no significa necesariamente estar de acuerdo, sino reconocer que son legítimas y comprensibles.

Si un compañero expresa ansiedad por un proyecto, una respuesta empática podría ser: "Puedo ver por qué te sientes ansioso. Es un reto grande, pero estoy seguro de que lo harás bien".

— **Desarrollar la autoconciencia emocional**

La empatía hacia los demás comienza con la capacidad de reconocer nuestras propias emociones. Al entender cómo nos sentimos y por qué, estamos mejor equipados para conectarnos emocionalmente con otros.

Práctica: lleva un diario emocional donde registres tus emociones diarias, sus desencadenantes y cómo las gestionaste. Reflexiona sobre cómo tus emociones podrían influir en tus interacciones con los demás.

— **Evitar juicios y suposiciones**

Una de las barreras más comunes para la empatía es la tendencia a juzgar o asumir que entendemos completamente la situación del otro. En lugar de hacerlo, formula preguntas abiertas para profundizar en su perspectiva.

 Por ejemplo, en lugar de decir: "No deberías sentirte así", pregunta: "¿Qué crees que te está llevando a sentirte de esa manera?".

— **Usar el lenguaje corporal para transmitir empatía**

El lenguaje corporal juega un papel crucial en la comunicación empática. Gestos como inclinarse ligeramente hacia adelante, mantener una postura abierta y evitar distracciones físicas comunican interés y comprensión.

 Si alguien está hablando sobre un problema personal, asegúrate de mantener contacto visual y evitar cruzar los brazos, ya que esto puede percibirse como desinterés o rechazo.

— **Ponerse en el lugar del otro**

La empatía requiere imaginar cómo se siente la otra persona desde su perspectiva. Esto no siempre es fácil, pero preguntarte: "¿Cómo me sentiría yo si estuviera en su lugar?" puede ser un buen comienzo.

Ejercicio de perspectiva: ante una situación de conflicto, escribe cómo crees que se siente la otra persona, qué podría estar pensando y cómo esas emociones influyen en su comportamiento.

— **Cultivar la paciencia y la tolerancia**

Ser empático no siempre es fácil, especialmente cuando enfrentamos emociones intensas o perspectivas opuestas. La paciencia es clave para mantener una actitud abierta y comprensiva.

Práctica: durante una discusión, respira profundamente y cuenta hasta tres antes de responder. Esto te permitirá reflexionar y formular una respuesta más empática.

4.4. Desarrollar la empatía

Vamos a ver un ejemplo para desarrollar la empatía siguiendo los pasos anteriores.

Imagina que tienes un compañero de trabajo llamado Marcos, quien recientemente ha mostrado frustración porque siente que no se le valora lo suficiente en el equipo. A continuación, aplicaremos los pasos clave para desarrollar la empatía en esta situación:

1. **Practicar la escucha activa**

   Marcos dice: "Siento que siempre hago el trabajo más pesado y nunca se reconoce mi esfuerzo".

   Cuando Marcos expresa su frustración durante una reunión, decides prestarle toda tu atención. Esto significa:

   • Contacto visual: mantienes los ojos en Marcos mientras habla, evitando distracciones como tu móvil o tomar notas innecesarias.

   • Gestos de atención: asientes ligeramente con la cabeza en señal de que estás escuchando y comprendiendo.

   • Evitar interrupciones: dejas que termine de hablar antes de responder, evitando formular mentalmente tu respuesta mientras él sigue expresándose.

   • Tú respondes al final: "Entiendo que esto te preocupe. Estoy escuchando todo lo que dices para comprender mejor cómo te sientes".

2. **Reconocer y validar emociones**

   Después de escuchar a Marcos, te enfocas en validar lo que está sintiendo. En lugar de minimizar sus emociones o intentar ofrecer soluciones de inmediato, reconoces que su frustración es válida.

 "Es completamente razonable que te sientas frustrado si crees que tu esfuerzo no se valora. Me imagino lo desmotivador que puede ser trabajar duro y sentir que no se reconoce".

3. Desarrollar la autoconciencia emocional

Antes de continuar, reflexionas sobre cómo te sientes en esta situación. Quizás experimentas incomodidad porque nunca habías notado este problema o te preocupa cómo manejarlo. Reconocer tus propias emociones te permite evitar reaccionar de manera defensiva o impulsiva.

 Te dices a ti mismo: "Me siento un poco culpable porque no había notado lo que le estaba ocurriendo a Marcos. Sin embargo, quiero mantener la calma y centrarme en entenderlo mejor".

4. Evitar juicios y suposiciones

Es fácil caer en el error de pensar que Marcos está exagerando o siendo demasiado sensible, pero decides abordar la situación con una mente abierta. En lugar de juzgarlo, formulas preguntas para comprender mejor su perspectiva.

 Ejemplo de preguntas abiertas:

"¿Podrías contarme más sobre las situaciones específicas en las que has sentido que no se valora tu trabajo?".

"¿Qué cambios crees que podrían ayudarte a sentirte más reconocido en el equipo?".

Estas preguntas muestran interés genuino y fomentan que Marcos se exprese con mayor profundidad.

5. Usar el lenguaje corporal para transmitir empatía

Mientras Marcos responde, tu lenguaje corporal refuerza tu disposición a escucharlo y comprenderlo. Mantienes una postura abierta (sin cruzar los brazos), inclinas ligeramente el cuerpo hacia adelante y evitas gestos que puedan interpretarse como desinterés, como mirar el reloj o suspirar.

Mientras Marcos habla, haces contacto visual directo y muestras empatía con un asentimiento ocasional. Incluso puedes inclinarte un poco hacia él para demostrar que estás involucrado en la conversación.

6. **Ponerse en el lugar del otro**

Intentas imaginar cómo se siente Marcos. Te preguntas: "Si yo estuviera en su lugar, ¿cómo me sentiría si trabajara duro sin recibir reconocimiento?" Este ejercicio mental te ayuda a conectar con sus emociones.

Ejemplo de perspectiva:

"Si yo fuera Marcos, probablemente también me sentiría desmotivado y quizás incluso frustrado con el equipo. Esto debe ser muy difícil para él".

7. **Cultivar la paciencia y la tolerancia**

Durante la conversación, es posible que Marcos exprese emociones intensas o incluso cierta irritación hacia el equipo. Decides ser paciente y evitar cualquier reacción impulsiva. Respirar profundamente y mantener la calma te ayuda a procesar la situación con empatía.

Marcos dice: "Parece que nadie realmente valora lo que hago, y me siento invisible en el equipo".

Tú respondes: "Entiendo que esto te haga sentir así. Me gustaría ayudarte para encontrar formas de cambiar esta situación".

8. **Formular una respuesta empática**

Después de escuchar activamente, validar sus emociones y reflexionar sobre su perspectiva, elaboras una respuesta que combine comprensión y acción. Esto no solo muestra que has entendido a Marcos, sino que también refuerza tu disposición a trabajar con él en una solución.

 "Marcos, entiendo lo importante que es para ti sentir que tu esfuerzo se reconoce. Me disculpo si alguna vez hemos pasado por alto lo valioso que es tu trabajo. Quizás podríamos hablar con el equipo para establecer un sistema de reconocimiento más transparente. ¿Qué opinas?".

4.4.1.   Ejercicios para desarrollar la empatía

La empatía es una habilidad que se puede cultivar mediante la práctica consciente. Aquí se desarrollan ejercicios prácticos que te permitirán mejorar tu capacidad de conectar emocionalmente con los demás y responder de manera comprensiva y efectiva.

A)   Diario de empatía

Llevar un diario de empatía no solo te ayudará a identificar las emociones de las personas con las que interactúas, sino también a reflexionar sobre tus propias reacciones y cómo podrías mejorar tus respuestas. Este ejercicio fomenta la introspección y te hace más consciente de las dinámicas emocionales en tus relaciones.

Indicaciones:

— Duración: realiza este ejercicio durante una semana.

— Formato: divide el diario en columnas para anotar lo siguiente:

   • La situación o interacción: describe brevemente el contexto.

   • Emociones percibidas en los demás: ¿Qué crees que estaba sintiendo la otra persona?

   • Tu reacción: detalla cómo respondiste, tanto verbal como no verbalmente.

   • Reflexión: pregúntate cómo podrías haber mostrado mayor empatía o si tu respuesta fue adecuada.

— Situación: en una reunión de trabajo, un compañero expresa que siente frustración por la falta de claridad en un proyecto.

— Emociones percibidas: frustración y ansiedad.

— Tu reacción: ofreciste una solución práctica sin reconocer primero su frustración.

— Reflexión: podrías haber empezado diciendo: "Entiendo que esto debe ser muy frustrante para ti. ¿Qué crees que podríamos hacer para mejorar la situación?".

Este ejercicio ayuda a desarrollar una mayor sensibilidad hacia las emociones de los demás y a reconocer patrones en tu comportamiento.

B) *Role-playing*

El *role-playing* es una técnica poderosa para practicar la empatía en un entorno seguro. Permite experimentar diferentes perspectivas y aprender a manejar situaciones emocionalmente cargadas.

Instrucciones:

— Encuentra a un amigo, familiar o colega dispuesto a practicar contigo.

— Elige una situación hipotética donde sea necesario mostrar empatía, como:

  o Un conflicto en el trabajo.

  o Un amigo que está pasando por una ruptura emocional.

  o Un cliente insatisfecho.

— Asume roles: uno de vosotros será la persona que expresa emociones, y el otro practicará la escucha activa y la validación emocional.

— Cambiad de roles después de cada práctica para experimentar ambas perspectivas.

— Escenario: tu amigo asume el papel de un cliente que se siente ignorado por el servicio que recibió.

— Respuesta empática: en lugar de justificar de inmediato la situación, podrías practicar diciendo: "Lamento que te sientas así. Es comprensible que estés molesto. ¿Qué puedo hacer para mejorar esta situación para ti?".

Beneficios del *role-playing*:

— Refuerza la habilidad de identificar emociones a través del tono y las palabras.

— Proporciona retroalimentación inmediata sobre tu capacidad empática.

— Te ayuda a manejar situaciones similares en la vida real con mayor confianza.

Este ejercicio fomenta la capacidad de captar señales emocionales sutiles a través de la observación del comportamiento no verbal y el tono de voz. La observación intencionada te entrena para prestar atención plena a los demás, una habilidad clave para la empatía.

Indicaciones:

— Dedica un día a observar cómo las personas expresan sus emociones en interacciones cotidianas.

— Presta especial atención a:

  • Lenguaje corporal: postura, movimientos de las manos, expresiones faciales.

  • Tono de voz: cambios en el volumen, ritmo o entonación.

  • Contexto: considera la situación para interpretar mejor sus emociones.

— Anota tus observaciones y reflexiona sobre ellas:

  • ¿Qué emociones crees que estaban expresando?

  • ¿Cómo hubieras reaccionado si estuvieras interactuando con esa persona?

  • ¿Qué señales no verbales te ayudaron a identificar su estado emocional?

En una cafetería, observas a un camarero interactuar con un cliente molesto. Notas que:

— El cliente habla con un tono elevado y tiene una postura rígida.

— El camarero mantiene contacto visual y asiente, pero evita gestos que puedan intensificar la tensión. Tu reflexión podría ser: "El camarero manejó bien la situación al mantener la calma". Si yo estuviera en su lugar, podría decir algo como: "Lamento que haya tenido esta experiencia. Permítame encontrar una solución".

Beneficios de la observación intencionada:

— Mejora tu capacidad de identificar emociones de manera más precisa.

— Te prepara para interpretar señales no verbales en tus propias interacciones.

— Fomenta la práctica de la empatía incluso sin interacción directa.

C) Técnica de "caminar en sus zapatos"

Este ejercicio implica imaginarte cómo te sentirías si estuvieras en la posición del otro. Es una forma poderosa de conectar emocionalmente con las experiencias ajenas.

Instrucciones:

1. Piensa en una situación reciente en la que alguien expresó emociones intensas (alegría, tristeza, frustración, etc.).

2. Reflexiona sobre:

   • ¿Qué pudo haber llevado a esa persona a sentir eso?

   • ¿Cómo te sentirías tú si estuvieras en su lugar?

   • ¿Qué palabras o acciones podrían hacerte sentir comprendido en esa situación?

Un colega se queja de que no lo incluyeron en una decisión importante. Reflexionas: "Si estuviera en su lugar, probablemente sentiría frustración y rechazo. Tal vez necesite escuchar algo como: 'Lamento que no te hayan involucrado. Tu aporte es valioso para nosotros. Voy a asegurarme de que no vuelva a suceder'".

D) Reflexión sobre sesgos emocionales

A veces, nuestras propias emociones o experiencias pasadas pueden interferir con nuestra capacidad para empatizar. Este ejercicio te ayuda a identificar y superar esos sesgos.

Indicaciones:

1. Reflexiona sobre una situación en la que te haya costado empatizar con alguien.

2. Pregúntate:

    •   ¿Qué emociones o prejuicios personales pudieron influir en mi reacción?

    •   ¿Cómo podría haber manejado mejor esa interacción?

3. Escribe una respuesta más empática que podrías haber dado.

 Un amigo te comparte que está preocupado por su rendimiento laboral, pero te sientes tentado a minimizar sus sentimientos porque estás lidiando con tus propios problemas. Reflexionas: "Podría haber dicho: 'Entiendo que te preocupe eso. ¿Qué te haría sentir más seguro en el trabajo?'".

 Errores comunes al practicar la empatía

1. Ofrecer soluciones prematuras: a veces, las personas solo quieren ser escuchadas, no recibir consejos.

2. Minimizar emociones: decir frases como "No es para tanto" invalida la experiencia del otro.

3. Interrumpir: cortar el flujo de la conversación dificulta la conexión empática.

5.   Comunicación verbal, no verbal y paraverbal

5.1. Introducción

La comunicación humana es un fenómeno multidimensional que involucra tres componentes fundamentales: el verbal, el no verbal y el paraverbal. A través de estos canales, transmitimos información, emociones, pensamientos y actitudes, logrando construir relaciones interpersonales, influir en los demás y establecer acuerdos.

Lo fascinante del proceso comunicativo es que no funciona de manera aislada; cada componente interactúa y se complementa con los otros, generando una experiencia integral que el receptor interpreta en función de la congruencia y la autenticidad percibidas. Si bien el mensaje verbal es deliberado y controlado, los elementos no verbales y paraverbales suelen ser más espontáneos, por lo que resultan más confiables y determinantes en la interpretación final.

 De hecho, estudios como los realizados por el psicólogo Albert Mehrabian han demostrado que:

— El 55% del impacto de un mensaje proviene del lenguaje no verbal.

— El 38% se atribuye a los elementos paraverbales (tono, ritmo, pausas).

— Solo el 7% se relaciona con las palabras que utilizamos.

Por tanto, el éxito en la comunicación radica en la capacidad de integrar coherentemente los tres componentes para garantizar que el mensaje sea claro, efectivo y persuasivo.

5.2. Comunicación verbal: estructura y claridad del mensaje

La comunicación verbal es el canal más evidente y consciente del proceso comunicativo. Utiliza palabras habladas o escritas para transmitir un mensaje con una finalidad concreta: informar, convencer, expresar emociones o establecer acuerdos. Sin embargo, su efectividad depende de la precisión, claridad y adaptación del mensaje al contexto y al receptor.

Características del lenguaje verbal efectivo:

— **Estructura lógica: la clave del orden y la comprensión**

Toda comunicación verbal debe organizarse de manera coherente para facilitar su comprensión. Una estructura lógica evita confusiones y permite que el mensaje sea percibido como claro y profesional.

Estructura básica del mensaje:

- Introducción: presentar el objetivo o la idea principal. Es el primer contacto con el receptor, por lo que debe captar su atención.

- Desarrollo: exponer los detalles, argumentos, ejemplos o pasos necesarios para transmitir el mensaje de manera clara y ordenada.

- Conclusión: recapitular las ideas principales y, si procede, incluir una llamada a la acción o un cierre que refuerce el objetivo.

Ejemplo práctico:

En una reunión para delegar tareas a un equipo:

— Introducción: "Hoy quiero hablar con vosotros sobre la planificación de la próxima campaña de marketing".

— Desarrollo: "Nos enfocaremos en tres áreas principales: redes sociales, contenido web y publicidad pagada. Antonio se encargará de los anuncios, Marta de las publicaciones y Laura de los contenidos del blog".

— Conclusión: "Si trabajamos en equipo y cumplimos los plazos, podremos lanzar la campaña con éxito el próximo lunes".

5.2.1. Claridad y precisión: evitar ambigüedades

Un mensaje claro y preciso elimina cualquier margen de duda o confusión. Para ello:

— Usa palabras sencillas y directas.

— Evita tecnicismos innecesarios a menos que el contexto lo requiera.

— Sé específico en cuanto a fechas, plazos y acciones concretas.

Ejemplo comparativo:

— Poco claro: "Tendrás que terminarlo pronto".

— Claro y preciso: "Por favor, entrega el informe final el viernes antes de las 17:00".

5.2.2. Adaptación al receptor: comunica con empatía

La efectividad del lenguaje verbal también depende de la adaptación al interlocutor:

— Evalúa su nivel de conocimiento: no es lo mismo explicar un concepto técnico a un experto que a un principiante.

— Adapta el registro: formal en entornos profesionales; informal en contextos cotidianos.

— Considera su cultura y contexto: ciertas palabras o expresiones pueden ser interpretadas de manera diferente según la cultura o el entorno del receptor.

Ejemplo práctico:

Al presentar un informe a directivos:

— Registro formal: *"Este trimestre hemos alcanzado un crecimiento del 12% gracias a las acciones implementadas en el área de ventas"*.

Al explicarlo a un equipo técnico:

— Registro más técnico: *"La optimización del embudo de conversión ha incrementado las ventas en un 12% al reducir las tasas de abandono en la última fase del proceso"*.

5.2.3. Positividad y proactividad: el poder de las palabras

Las palabras no solo transmiten información, también generan emociones y moldean percepciones. Utilizar un lenguaje positivo y constructivo favorece un entorno de diálogo y colaboración.

— Negativo: *"No te entiendo, lo has explicado mal"*.

— Positivo: *"Podrías explicarlo de otra manera para que lo entienda mejor"*.

El lenguaje verbal cumple funciones esenciales:

1. Transmitir información: comunicar datos, instrucciones y conocimientos de manera clara.

2. Expresar emociones y pensamientos: facilita la verbalización consciente de nuestras ideas, sentimientos y opiniones.

3. Establecer acuerdos: es la base de negociaciones, compromisos y toma de decisiones conjuntas.

En entornos profesionales, la habilidad para utilizar un lenguaje verbal efectivo es clave para:

— Liderar equipos.

— Realizar presentaciones persuasivas.

— Resolver conflictos y alcanzar acuerdos.

Mejora tu comunicación verbal

1. Redacción estructurada: al escribir un correo electrónico solicitando colaboración en un proyecto:

    — Introducción: presenta el objetivo del mensaje.

    — Desarrollo: explica la necesidad y los pasos concretos.

    — Conclusión: cierra con una llamada a la acción clara.

2. Evaluación: léelo en voz alta y responde:

    — ¿Es claro y preciso?

    — ¿Está bien estructurado?

    — ¿Se adapta al receptor?

5.3. Comunicación no verbal: el lenguaje corporal y su impacto

5.3.1. Características y componentes

La comunicación no verbal es una de las dimensiones más ricas y complejas del proceso comunicativo. A través de gestos, posturas, miradas, expresiones faciales y la proximidad física, transmitimos información de manera consciente e inconsciente. Esta forma de comunicación no solo complementa o refuerza lo que decimos con palabras, sino que en muchas ocasiones sustituye o contradice al lenguaje verbal.

> El lenguaje no verbal juega un papel crucial porque permite transmitir emociones, intenciones y actitudes que no siempre se expresan verbalmente. De hecho, en situaciones de incoherencia entre lo verbal y lo no verbal, los receptores tienden a creer más en las señales no verbales, al ser consideradas más auténticas y difíciles de controlar.

A) Características y relevancia de la comunicación no verbal

La comunicación no verbal tiene las siguientes características esenciales:

— **Universalidad**

Algunos elementos del lenguaje no verbal, como las expresiones faciales básicas (alegría, tristeza, sorpresa, enfado, miedo y asco), son universales y reconocidos por todas las culturas. Esto fue demostrado por el psicólogo Paul Ekman, quien estudió la expresión de las emociones en diversas partes del mundo.

— **Ambigüedad**

A diferencia de las palabras, las señales no verbales pueden interpretarse de diferentes maneras según el contexto, la cultura y la relación entre los interlocutores. Por ejemplo, cruzar los brazos puede ser percibido como una actitud de rechazo, pero también puede significar comodidad o concentración.

— **Espontaneidad y sinceridad**

Las señales no verbales son, en su mayoría, inconscientes, por lo que suelen reflejar de manera más genuina las emociones y pensamientos reales del emisor.

— **Complementariedad**

El lenguaje no verbal refuerza, enfatiza o matiza el mensaje verbal, aportando énfasis emocional y mayor claridad.

— **Regulación de la interacción**

A través del lenguaje no verbal, podemos regular el flujo de una conversación. Gestos como asentir con la cabeza indican que seguimos el discurso del interlocutor, mientras que mirar el reloj puede señalar prisa o desinterés.

B) Componentes del lenguaje no verbal

- **Gestos: la expresión del cuerpo**

Los gestos son movimientos corporales que complementan, sustituyen o contradicen el lenguaje verbal. Se clasifican en:

— Gestos ilustradores: acompañan y refuerzan el mensaje verbal.

Ejemplo: usar las manos para describir el tamaño de un objeto o señalar una dirección.

— Gestos emblemáticos: tienen un significado específico y pueden sustituir a las palabras.

Ejemplo: el gesto de "pulgar hacia arriba" indica aprobación en muchas culturas.

— Gestos reguladores: controlan la interacción en una conversación.

Ejemplo: asentir con la cabeza para mostrar acuerdo o levantar una mano para pedir la palabra.

— Gestos adaptadores: son movimientos involuntarios que revelan incomodidad o nerviosismo.

Ejemplo: jugar con el cabello, tocarse la cara o cruzar los brazos.

- **Expresiones faciales: el espejo de las emociones**

El rostro es la parte del cuerpo más expresiva, ya que refleja emociones con una precisión y rapidez sorprendentes. Las microexpresiones faciales, que duran apenas fracciones de segundo, son universales y difíciles de ocultar.

Principales expresiones faciales:

— Alegría: sonrisa genuina que involucra los ojos (sonrisa de Duchenne).

— Tristeza: mirada baja, labios hacia abajo y cejas caídas.

— Sorpresa: cejas levantadas, ojos muy abiertos y boca ligeramente abierta.

— Enfado: cejas fruncidas, mirada intensa y labios apretados.

— Miedo: ojos abiertos y boca ligeramente entreabierta.

- **Postura corporal: lo que dice nuestra posición**

La postura corporal comunica información sobre el estado emocional, el nivel de confianza y la relación con el interlocutor.

— Postura abierta: hombros relajados, brazos sin cruzar y posición erguida. Transmite confianza, receptividad y seguridad.

— Postura cerrada: brazos cruzados, encorvamiento o manos en los bolsillos. Se asocia con defensividad, rechazo o incomodidad.

— Postura dominante: ocupa más espacio, con el pecho erguido y la cabeza alta. Refleja autoridad y autoconfianza.

 En una presentación, mantener una postura erguida con los brazos abiertos proyecta seguridad, mientras que encorvarse o esconder las manos en los bolsillos puede transmitir inseguridad.

• Contacto visual: la ventana hacia la confianza

El contacto visual es una herramienta poderosa en la comunicación no verbal, ya que refleja atención, interés y respeto. Sin embargo, debe ser equilibrado:

— Contacto visual directo: muestra confianza y genera conexión.

— Evitar el contacto visual: puede interpretarse como nerviosismo, inseguridad o deshonestidad.

— Exceso de contacto visual: puede percibirse como invasivo o desafiante.

 Durante una entrevista de trabajo, mantener el contacto visual directo con el entrevistador al responder preguntas transmite seguridad y compromiso.

• Proxémica: la distancia física entre interlocutores

La proxémica estudia cómo utilizamos el espacio físico para comunicarnos. La distancia entre interlocutores varía en función de:

— Distancia íntima: hasta 45 cm. Reservada para familiares, amigos cercanos o parejas.

— Distancia personal: de 45 cm a 1.2 metros. Conversaciones informales o amistosas.

— Distancia social: de 1.2 a 3 metros. Interacciones laborales o formales.

— Distancia pública: más de 3 metros. Discursos o presentaciones en público.

 En una negociación, respetar la distancia social permite crear un ambiente profesional y cómodo. Invadir el espacio personal del interlocutor puede generar incomodidad.

5.3.2. La sonrisa en la comunicación no verbal

La sonrisa es un símbolo universal de amabilidad y empatía. Una sonrisa genuina:

— Genera confianza y facilita el acercamiento interpersonal.

— Reduce tensiones y desactiva situaciones conflictivas.

— Mejora el ambiente comunicativo, creando un espacio más positivo y relajado.

Diferencia entre sonrisas:

— Sonrisa verdadera (Duchenne): involucra los músculos orbiculares de los ojos y los labios. Refleja felicidad auténtica.

— Sonrisa social: es voluntaria y a menudo utilizada por cortesía.

A)   Técnicas y ejercicios para practicar la sonrisa

•   Identifica tu sonrisa natural

La sonrisa verdadera, también conocida como sonrisa de Duchenne, involucra no solo los músculos de la boca, sino también los ojos, lo que crea una expresión sincera y amigable.

Ejercicio práctico:

1.   Colócate frente a un espejo.

2.   Sonríe de manera natural como si estuvieras reaccionando a algo que te causa alegría.

3.   Observa cómo tus ojos se entrecierran ligeramente y cómo aparecen las arrugas naturales en la zona orbicular (alrededor de los ojos).

4.   Intenta replicar esta sonrisa varias veces para familiarizarte con la sensación.

- ## Ejercicios faciales para relajar los músculos

La tensión facial puede hacer que una sonrisa parezca forzada o poco natural. Practicar ejercicios que relajen los músculos del rostro facilitará una expresión más fluida.

Rutina diaria de relajación:

1. Calentamiento facial: abre la boca como si bostezaras y estira los músculos faciales. Repite 5 veces.

2. Ejercicio de labios:

    - Sonríe ligeramente sin mostrar los dientes.

    - Luego amplía la sonrisa gradualmente, mostrando los dientes.

    - Mantén la sonrisa por 10 segundos y relaja. Repite 5 veces.

3. Relajación de los ojos: cierra los ojos suavemente, cuenta hasta 5 y ábrelos sonriendo al mismo tiempo.

- ## Practica frente al espejo

El espejo es una herramienta ideal para entrenar la sonrisa y hacerla más natural.

Pasos:

1. Ponte de pie o siéntate frente al espejo.

2. Prueba diferentes tipos de sonrisa:

    - Sonrisa sutil (boca ligeramente curvada).

    - Sonrisa amplia (muestra los dientes).

    - Sonrisa social (más formal y controlada).

3. Observa qué tipo de sonrisa te hace sentir más cómodo y cuál parece más natural.

4. Asegúrate de que tus ojos acompañen la sonrisa (sin tensión).

Práctica: sonríe frente al espejo cada mañana durante 2 minutos. Este ejercicio no solo mejora tu sonrisa, sino que también ayuda a comenzar el día con un estado mental más positivo.

- ## Practica sonriendo en situaciones cotidianas

Sonreír debe convertirse en un hábito natural. Para ello, puedes entrenarte en situaciones del día a día.

Ejercicios:

1.   Al saludar a otras personas: sonríe cuando saludes a alguien, ya sea en persona o en videollamadas. Observa cómo responde el interlocutor.

2.   Al hablar por teléfono: aunque no te vean, tu tono de voz cambia cuando sonríes. Practica sonreír mientras hablas para transmitir calidez y amabilidad.

3.   Durante situaciones de estrés: intenta relajar el rostro y sonreír suavemente. Esto ayuda a reducir la tensión y te proyecta como una persona calmada.

- **Utiliza el ejercicio de visualización positiva**

La sonrisa más auténtica surge cuando recordamos momentos agradables o imaginamos situaciones felices.

Ejercicio guiado:

1.   Siéntate en un lugar tranquilo y cierra los ojos.

2.   Visualiza un momento en el que te hayas sentido feliz (un encuentro con amigos, un logro personal, una situación divertida).

3.   Deja que la sensación positiva se refleje en tu rostro, permitiendo que surja una sonrisa natural.

4.   Mantén la sonrisa durante unos segundos y repite el ejercicio varias veces.

- **Observa y aprende de los demás**

La observación es una herramienta poderosa para mejorar la comunicación no verbal. Fíjate en las sonrisas de personas que consideras carismáticas y analiza:

—   ¿Cómo utilizan su sonrisa? (al saludar, al escuchar o al hablar).

—   ¿Es genuina o social?

—   ¿Qué impacto tiene en los demás?

Actividad práctica: imita las sonrisas positivas que observas en personas con habilidades sociales destacadas y adapta esas expresiones a tu estilo natural.

- **Graba tu sonrisa**

Una forma efectiva de analizar y mejorar tu sonrisa es grabándote mientras hablas.

Ejercicio práctico:

1.   Graba un vídeo respondiendo una pregunta sencilla, como: "¿Por qué te gusta tu trabajo o tus estudios?".

2. Reproduce el vídeo y observa tu lenguaje no verbal:

- ¿Tu sonrisa parece natural o forzada?

- ¿Tus ojos y gestos acompañan la sonrisa?

3. Ajusta tu expresión y repite la grabación hasta sentirte cómodo.

- ## Desarrolla la empatía al sonreír

La sonrisa no solo mejora nuestra imagen, sino que también establece conexión emocional con los demás. Practica la sonrisa empática en situaciones donde quieras generar cercanía:

1. Al escuchar a alguien con atención.

2. Al ofrecer apoyo o consuelo.

En conversaciones donde deseas que la otra persona se sienta cómoda y comprendida.

B) Errores comunes al practicar la sonrisa (y cómo evitarlos)

1. Sonrisa forzada.

- Evita tensar los músculos de la cara. Si una sonrisa no surge de manera natural, relájate y visualiza algo agradable.

2. Sonreír en exceso.

- Una sonrisa constante puede percibirse como falsa o poco auténtica. Adapta tu sonrisa al contexto y a la conversación.

3. Falta de congruencia.

- Asegúrate de que tu lenguaje no verbal (postura, mirada) sea coherente con tu sonrisa.

- ## Beneficios de practicar la sonrisa

1. Impacto en uno mismo.

- Al sonreír, el cerebro libera endorfinas y dopamina, lo que genera una sensación de bienestar y reduce el estrés.

2. Impacto en los demás.

- Una sonrisa genuina transmite confianza, calidez y apertura, facilitando relaciones más positivas y fluidas.

3.   Impacto profesional.

   •   En entornos laborales, la sonrisa mejora la comunicación, proyecta profe-
        sionalidad y facilita la resolución de conflictos.

Ejercicio: el reto de los 7 días

Durante una semana, practica conscientemente tu sonrisa en diferentes situaciones:

1.   Día 1: sonríe al saludar a familiares o compañeros de trabajo.

2.   Día 2: practica sonreír durante una llamada telefónica.

3.   Día 3: observa tu sonrisa en el espejo y corrige cualquier tensión.

4.   Día 4: graba un vídeo respondiendo una pregunta y evalúa tu expresión.

5.   Día 5: sonríe al interactuar con desconocidos (por ejemplo, en una tienda o al
      dar las gracias).

6.   Día 6: utiliza la visualización positiva para generar sonrisas auténticas.

7.   Día 7: reflexiona sobre los resultados: ¿Cómo te sentiste? ¿Qué cambios perci-
      biste en los demás?

5.4. Comunicación paraverbal: tono, ritmo, volumen y pausas en el discurso

5.4.1. Introducción

La comunicación paraverbal hace referencia a cómo decimos las palabras y no a las
palabras en sí mismas. Aunque muchas veces no somos plenamente conscientes de
su importancia, los aspectos paraverbales son determinantes en la percepción de un
mensaje.

La comunicación paraverbal es de suma importancia. Cuando nos comunicamos, el
componente paraverbal añade emocionalidad, énfasis y claridad al mensaje verbal. Es
capaz de:

—   Transmitir emociones: el tono de voz y el ritmo revelan cómo nos sentimos
      (alegría, enfado, calma o sorpresa).

—   Influir en la interpretación del mensaje: un mismo mensaje puede cambiar de
      significado dependiendo del volumen, la entonación o las pausas.

—   Generar impacto: utilizar pausas estratégicas o variar el ritmo ayuda a captar y
      mantener la atención del interlocutor.

— Demostrar autoridad o cercanía: el tono adecuado puede transmitir firmeza o empatía, según la intención del mensaje.

5.4.2. Componentes principales de la comunicación paraverbal

A) Tono de voz: cómo expresamos las emociones

El tono de voz se refiere a la manera en que modulamos nuestra voz para transmitir diferentes emociones y matices. Es el componente paraverbal más ligado a la emocionalidad del mensaje.

— Tono cálido: genera confianza y cercanía. Ideal para conversaciones de apoyo o situaciones que requieren empatía.

— Tono enérgico: denota motivación y entusiasmo. Útil para discursos inspiradores o para captar la atención en una presentación.

— Tono firme: proyecta autoridad y seguridad, adecuado para dar instrucciones o negociar.

— Tono sarcástico: expresa ironía o burla. Sin embargo, su uso excesivo puede generar malentendidos o deteriorar la relación con el interlocutor.

La frase "Gracias por tu ayuda" puede tener distintos significados según el tono:

— Tono sincero y cálido: expresa verdadera gratitud.

— Tono sarcástico: insinúa insatisfacción o ironía.

— Tono monótono: transmite desinterés o indiferencia.

B) Ritmo: la velocidad del discurso

El ritmo es la velocidad a la que hablamos. Influye en la claridad, comprensión y emoción del mensaje.

— Ritmo rápido: puede denotar entusiasmo, urgencia o nerviosismo, pero en exceso puede dificultar la comprensión.

— Ritmo pausado: transmite seguridad, permite procesar la información y facilita el énfasis en ideas clave.

— Ritmo equilibrado: combina momentos más ágiles con pausas reflexivas, lo que hace que el discurso sea más dinámico y efectivo.

Estrategias para regular el ritmo:

1.   Practica la lectura en voz alta y varía intencionadamente la velocidad.

2.   Grábate hablando y evalúa si tu ritmo es comprensible y adecuado.

3.   Inserta pausas estratégicas para dar énfasis a puntos importantes.

C)   Volumen: la intensidad de la voz

El volumen se refiere a la intensidad sonora con la que emitimos el mensaje. Un volumen inadecuado puede alterar la percepción del mensaje:

—   Volumen bajo: puede indicar timidez, inseguridad o falta de convicción. Sin embargo, en contextos íntimos puede transmitir cercanía.

—   Volumen alto: denota seguridad o autoridad, pero si se exagera, puede percibirse como agresivo o autoritario.

—   Volumen moderado: es el más adecuado en la mayoría de las situaciones, asegurando que el mensaje sea escuchado con comodidad.

 Un líder que da instrucciones a su equipo en voz alta y con firmeza transmite confianza y claridad, mientras que hablar en voz muy baja podría generar dudas o desconexión.

D)   Pausas: el poder del silencio

Las pausas son espacios de silencio que se insertan deliberadamente en un discurso. Lejos de ser vacíos incómodos, las pausas estratégicas son herramientas poderosas que aportan claridad y énfasis al mensaje.

—   Énfasis: resaltan ideas clave o conceptos importantes.

—   Reflexión: permiten que el receptor asimile la información.

—   Ritmo: rompen la monotonía del discurso, haciéndolo más dinámico y efectivo.

—   Control emocional: ayudan al emisor a organizar sus pensamientos y calmarse en situaciones tensas.

 Un orador dice: *"El éxito de este proyecto... (pausa breve)... depende del compromiso de todo el equipo"*. La pausa añade énfasis y capta la atención del público.

5.4.3. Aplicación práctica

A) Aplicación práctica en entrevistas de trabajo

En una entrevista laboral, el componente paraverbal juega un papel fundamental para proyectar confianza, profesionalidad y claridad. El entrevistador no solo evaluará las respuestas, sino cómo las dices.

B) Tono de voz: transmite seguridad y entusiasmo

El tono debe ser equilibrado:

— Amistoso y positivo: refleja actitud proactiva y entusiasmo.

— Firme y seguro: transmite confianza en tus capacidades.

— Tono: cálido y seguro, con un ritmo pausado y una entonación positiva.

Entrevistador: "¿Por qué quieres trabajar en esta empresa?"

Respuesta con buen tono: "Me motiva mucho formar parte de un equipo innovador como el vuestro. Creo que puedo aportar mi experiencia en gestión de proyectos para contribuir a vuestros objetivos".

C) Ritmo: evita el nerviosismo

Un ritmo acelerado puede reflejar ansiedad o nerviosismo. Para controlarlo:

• Respira profundamente antes de responder.

• Habla de manera pausada, enfatizando los puntos clave.

Ejercicio para entrevistas:

1. Prepara posibles respuestas y grábate respondiéndolas.

2. Analiza tu ritmo: ¿es adecuado? ¿Hablas demasiado rápido o lento?

3. Ajusta tu velocidad para que sea clara y equilibrada.

D)   Aplicación práctica en presentaciones públicas

En discursos y exposiciones, el manejo paraverbal determina la atención del público.

E)   Tono variado para mantener el interés

Un tono monótono aburre a la audiencia; la variedad en la entonación genera dinamismo:

— Tono enérgico al presentar una idea clave.

— Tono reflexivo al explicar conceptos complejos.

— Tono pausado para resaltar conclusiones.

 "Esta es la razón… (pausa)… por la que debemos cambiar nuestra estrategia de mercado. Si actuamos ahora, los beneficios serán significativos".

F)   Volumen adaptado al espacio

En un auditorio grande, eleva el volumen para que todos te escuchen. Sin embargo, no grites; el tono debe ser firme y claro.

 Ejercicio práctico:

1.   Ensaya tu presentación en voz alta.

2.   Graba y evalúa: ¿El tono y el volumen mantienen el interés del público?

G)   Aplicación práctica en negociaciones laborales

En contextos de negociación, el manejo de la voz y las pausas puede inclinar la balanza a tu favor.

1.   Tono asertivo y firme

Evita tonos agresivos o inseguros. Un tono asertivo proyecta confianza y facilita el diálogo.

2. Pausas estratégicas

3. En negociaciones, el silencio puede ser tan efectivo como las palabras:

   • Utiliza pausas tras presentar una propuesta para dar tiempo a la reflexión.

   • No llenes los silencios con muletillas o frases innecesarias.

"Con base en mi experiencia y los resultados obtenidos... (pausa)... considero que un aumento del 10% en mi salario es justo y acorde al valor que aporto al equipo".

Ejercicio práctico para mejorar la comunicación paraverbal

Grabación y análisis: grábate leyendo un texto corto. Evalúa el tono, ritmo, volumen y pausas.

Variación del discurso: intenta leer el mismo texto de tres maneras distintas:

— Con tono entusiasta y ritmo rápido.

— Con tono calmado y pausado.

— Con tono firme y volumen alto.

Reflexión: ¿Qué impacto genera cada estilo? ¿Cuál es más adecuado para transmitir el mensaje?

5.5. Coherencia entre comunicación verbal, no verbal y paraverbal

5.5.1. Introducción

La coherencia comunicativa es la alineación entre el mensaje verbal, el lenguaje no verbal y los elementos paraverbales. Cuando los tres componentes son congruentes, el receptor percibe el mensaje como auténtico, claro y creíble. Por el contrario, cuando existe incongruencia, el receptor tiende a confiar en las señales no verbales y paraverbales.

Importancia de la coherencia comunicativa:

— **Refuerzo del mensaje.** La congruencia entre los tres componentes fortalece la claridad y el impacto del mensaje.

— **Autenticidad y credibilidad.** La coherencia genera confianza, mientras que la incongruencia puede percibirse como falsedad o falta de seguridad.

— **Evita malentendidos.** La alineación de los elementos verbales y no verbales asegura que el mensaje sea interpretado correctamente.

Ejemplo de coherencia:

Un líder motiva a su equipo diciendo: "Confío en vuestro trabajo y sé que lograremos los objetivos". Lo hace con:

- — Lenguaje verbal: mensaje claro y positivo.

- — Lenguaje no verbal: postura abierta, sonrisa sincera y contacto visual directo.

- — Lenguaje paraverbal: tono cálido, ritmo pausado y volumen moderado.

Ejemplo de incoherencia:

Una persona dice: "Estoy muy contento de estar aquí", pero:

- — Lenguaje no verbal: tiene los brazos cruzados y la mirada baja.

- — Lenguaje paraverbal: habla en tono monótono y ritmo acelerado.

El receptor percibirá que la persona no está realmente contenta, ya que los componentes no verbales y paraverbales contradicen las palabras.

5.5.2. Cómo lograr coherencia en la comunicación

Autoconciencia emocional: reflexiona sobre lo que sientes antes de comunicarte. Asegúrate de que tus palabras y tu lenguaje no verbal reflejen tus emociones.

Práctica de la autoobservación: grábate en una conversación o presentación y analiza si hay incoherencias entre tus palabras, tono y gestos.

Adaptación al contexto: ajusta tu estilo comunicativo según el objetivo y el receptor.

Retroalimentación externa: pide a otras personas que evalúen tu comunicación y te señalen posibles áreas de mejora.

Ejercicio práctico: simulación de coherencia

1. Prepara un mensaje motivacional de 2 minutos.

2. Ensáyalo cuidando la coherencia entre:

    *   Palabras (verbal): claras, positivas y organizadas.

    *   Gestos y postura (no verbal): alineados con el mensaje.

    *   Tono y ritmo (paraverbal): entusiasta y cálido.

3. Grábate y evalúa si lograste la congruencia.

A) La importancia de la coherencia en las entrevistas de trabajo

Durante una entrevista, la coherencia comunicativa entre lo verbal, no verbal y paraverbal es determinante. Si el candidato dice estar seguro de sus habilidades pero su lenguaje corporal refleja nerviosismo y su tono es débil, el entrevistador percibirá falta de autenticidad.

Ejemplo de coherencia:

Pregunta: "¿Qué habilidades tienes para este puesto?".

Lenguaje verbal: "Soy una persona organizada y resolutiva. He liderado proyectos complejos con éxito".

Lenguaje no verbal: postura erguida, manos abiertas y contacto visual directo.

Lenguaje paraverbal: tono seguro, pausado y volumen moderado.

En este caso, la coherencia refuerza el mensaje, proyectando credibilidad y confianza.

B) La coherencia en presentaciones públicas

En una exposición o discurso, cualquier incongruencia puede desviar la atención y generar dudas. Por ejemplo:

— Decir "Estoy entusiasmado por esta propuesta" con los brazos cruzados y tono monótono resulta contradictorio.

Ejemplo de una presentación coherente:

— Verbal: "Nuestro equipo ha logrado un incremento del 20% en las ventas este trimestre".

— No verbal: gestos abiertos con las manos y postura erguida.

— Paraverbal: tono firme y pausado para enfatizar la cifra clave.

La alineación de estos elementos hace que el mensaje sea convincente y memorable.

C) La coherencia en conflictos y negociaciones

En situaciones de conflicto, la coherencia comunicativa ayuda a calmar tensiones y generar entendimiento.

Una persona dice: *"Quiero resolver esta situación contigo de la mejor manera"*, pero:

— No verbal: evita el contacto visual y tiene los brazos cruzados.

— Paraverbal: habla en un tono frío y distante.

El receptor percibirá que el emisor no tiene intención genuina de resolver el conflicto.

Ejercicio integrador para lograr coherencia

1. Simulación de entrevistas

— Graba una respuesta a una pregunta típica de entrevista, como: "¿Cuáles son tus fortalezas?".

— Evalúa:

- ¿Tu tono y volumen reflejan seguridad?

- ¿Tu lenguaje corporal es abierto y congruente?

- ¿El mensaje verbal está alineado con los otros componentes?

2. Simulación de presentaciones

— Prepara una breve exposición (2-3 minutos).

— Enfócate en:

- Variar el tono para mantener el interés.

- Usar pausas para resaltar ideas clave.

- Alinear gestos, postura y contacto visual con el mensaje verbal.

La comunicación efectiva es fundamental en nuestras interacciones diarias, ya que facilita el entendimiento mutuo y fortalece las relaciones. Para lograrlo, es necesario superar barreras físicas, psicológicas y semánticas mediante el uso de estrategias claras, relevantes y adaptadas al contexto y al receptor. Además, incorporar la empatía en este proceso permite conectar con las emociones y perspectivas de los demás, creando un clima de respeto y confianza mutua.

La asertividad, como habilidad clave, permite expresar pensamientos y emociones de manera respetuosa y firme, evitando los extremos de la comunicación pasiva o agresiva. Esta competencia no solo fortalece la autoestima, sino que también fomenta relaciones saludables al establecer límites claros y facilitar la resolución de conflictos de forma constructiva. Cuando se acompaña de una actitud empática, la asertividad se convierte en una herramienta poderosa para abordar tensiones y alcanzar acuerdos que beneficien a ambas partes.

La escucha activa, por su parte, implica no solo oír las palabras, sino comprender el mensaje completo, incluyendo las emociones y el contexto. Esta habilidad se potencia con técnicas como la atención plena, el parafraseo y, de nuevo, la empatía, que permite captar las emociones subyacentes del interlocutor. Al validar y responder de manera comprensiva, se refuerza la conexión interpersonal y se mejora significativamente la calidad de las conversaciones.

La coherencia entre el lenguaje verbal, no verbal y paraverbal es esencial para transmitir mensajes auténticos y creíbles. Cuando estos componentes están alineados, se refuerza la claridad, el impacto y la confianza del receptor. Además, la empatía contribuye a interpretar y responder de forma adecuada a las señales no verbales y paraverbales del otro, evitando malentendidos y fortaleciendo la comunicación en cualquier contexto.

UNIDAD DIDÁCTICA 2

Psicología del interlocutor
y la empatía

Contenido & Objetivos

Los **objetivos** de esta unidad son:

1. Identificar los factores psicológicos que afectan la comunicación interpersonal y comprender cómo influyen en la percepción, interpretación y respuesta durante una interacción.

2. Desarrollar habilidades para gestionar las emociones propias y ajenas en situaciones comunicativas, aplicando técnicas de regulación emocional y empatía.

3. Aplicar estrategias prácticas para resolver conflictos y fomentar la colaboración, utilizando herramientas comunicativas basadas en la psicología del interlocutor.

Introducción

La comunicación no es solo un intercambio de información, sino un proceso influido por emociones, creencias y experiencias previas que afectan la percepción y respuesta en las interacciones. Comprender estos factores permite adaptar el enfoque comunicativo para lograr un entendimiento más efectivo.

Habilidades como la empatía y el control emocional son claves para construir relaciones de confianza. Reconocer y gestionar las emociones propias y ajenas facilita respuestas reflexivas y mejora significativamente la calidad de las interacciones. Además, la gestión adecuada de conflictos transforma tensiones en oportunidades para fortalecer vínculos y fomentar la colaboración.

El diálogo interno, por su parte, influye en la autoestima y en cómo nos relacionamos. Un diálogo positivo refuerza la confianza y la asertividad, mejorando nuestras interacciones personales y profesionales.

En esta unidad, abordaremos cómo los factores psicológicos influyen en la comunicación, técnicas para manejar conflictos de forma constructiva y estrategias para fortalecer la comunicación intrapersonal y la empatía, con el objetivo de desarrollar competencias clave para relaciones más efectivas y resilientes.

1. Introducción a la psicología del interlocutor

1.1. Concepto

La psicología del interlocutor es un elemento esencial en el proceso comunicativo. Comprender los factores internos que influyen en cómo las personas interpretan, reaccionan y procesan los mensajes es clave para establecer una comunicación efectiva.

La forma en que un individuo recibe y responde a la información no solo depende del contenido del mensaje, sino también de sus emociones, pensamientos, experiencias y estado mental en un momento dado. En este contexto, el conocimiento de la psicología del interlocutor se convierte en una herramienta indispensable para mejorar nuestras habilidades comunicativas y fomentar relaciones más armoniosas.

Hablar de psicología en la comunicación es reconocer que no existe un único enfoque "neutral" para interactuar con los demás. Cada interlocutor tiene su propia percepción de la realidad, que está moldeada por factores como la cultura, la personalidad, las experiencias previas y su estado emocional. En este apartado profundizaremos en dos aspectos fundamentales: cómo la psicología influye en el proceso comunicativo y los factores emocionales, cognitivos y comportamentales que intervienen en la comunicación.

1.2. La influencia de la psicología en el proceso comunicativo

El proceso comunicativo es mucho más que una transmisión de información. Es una interacción compleja en la que las emociones, percepciones y expectativas del interlocutor desempeñan un papel crucial.

La psicología del interlocutor influye en tres aspectos principales:

1. **La respuesta emocional.** Las emociones son un filtro poderoso en la comunicación. Un estado emocional positivo facilita el entendimiento, mientras que la ira, el miedo o la tristeza pueden distorsionar la recepción del mensaje o generar respuestas defensivas.

2. **La percepción del mensaje.** Cada persona interpreta los mensajes según sus experiencias previas, valores y creencias. Por ejemplo, un comentario que para una persona es motivador, para otra puede percibirse como una crítica.

3. **La interpretación del lenguaje no verbal.** Los gestos, el tono de voz y las expresiones faciales transmiten más información de la que a menudo somos conscientes. La capacidad de captar estas señales y ajustar nuestra comunicación en función de ellas es fundamental para el éxito comunicativo.

 Es importante también considerar el impacto del contexto. La situación en la que tiene lugar la comunicación, ya sea una conversación informal, una reunión laboral o un momento de crisis, influye significativamente en cómo el interlocutor percibe e interpreta los mensajes. Comprender estas variables nos permite adaptar nuestra comunicación a las necesidades y expectativas del receptor.

1.3. Factores emocionales, cognitivos y comportamentales que afectan a la comunicación

1.3.1. Factores emocionales

La comunicación está intrínsecamente ligada a las emociones, los procesos cognitivos y los comportamientos humanos. Estos factores, aunque a menudo pasan desapercibidos, determinan el éxito o el fracaso de una interacción comunicativa.

 Las emociones influyen en todos los aspectos de la comunicación, desde la manera en que se envía el mensaje hasta cómo se recibe.

— **Estados emocionales positivos**

La alegría, la gratitud o el entusiasmo facilitan el entendimiento y generan una atmósfera de confianza.

— **Estados emocionales negativos**

La ansiedad, el enfado o la tristeza pueden crear barreras, dificultando el intercambio de ideas y provocando malentendidos.

La regulación emocional es fundamental para mantener una comunicación efectiva. Por ejemplo, si estamos enfadados, es probable que nuestro tono de voz y nuestras palabras reflejen esa emoción, incluso cuando intentamos ocultarla. Esto puede llevar al receptor a reaccionar de manera defensiva o a malinterpretar nuestras intenciones.

1.3.2. Factores cognitivos

Los procesos cognitivos determinan cómo las personas procesan y comprenden la información que reciben. Estos incluyen:

Atención

Memoria

Pensamientos automáticos

— **Atención:** la capacidad de concentrarse en el mensaje es clave para una comunicación exitosa. Las distracciones internas (como preocupaciones personales) o externas (como un entorno ruidoso) pueden afectar la atención del interlocutor.

— **Memoria:** las experiencias previas y los conocimientos almacenados influyen en la interpretación del mensaje. Por ejemplo, un interlocutor que ha tenido malas experiencias en un contexto similar puede anticipar resultados negativos, distorsionando el significado del mensaje.

— **Pensamientos automáticos:** las creencias y suposiciones rápidas pueden generar prejuicios, que afectan la manera en que se perciben las palabras del emisor.

1.3.3. Factores comportamentales

El comportamiento del interlocutor durante la comunicación, incluyendo el lenguaje corporal, los gestos y la postura, afecta directamente el intercambio de información. Algunas manifestaciones comunes incluyen:

— **Contacto visual.** Mantener contacto visual demuestra interés y compromiso. Evitarlo puede interpretarse como desinterés o falta de sinceridad.

— **Postura y gestos.** Una postura abierta y gestos relajados fomentan la confianza, mientras que los movimientos nerviosos o cerrados pueden transmitir inseguridad o rechazo.

— **Tono de voz.** El tono, el ritmo y el volumen de la voz refuerzan o contradicen el mensaje verbal. Un tono calmado invita al diálogo, mientras que uno agresivo puede generar tensión.

El conocimiento de los factores emocionales, cognitivos y comportamentales del interlocutor no solo mejora nuestra capacidad para transmitir mensajes, sino también para recibirlos y responder adecuadamente. La escucha activa es una herramienta fundamental en este proceso, ya que nos permite captar tanto el mensaje verbal como las señales no verbales del interlocutor, ajustando nuestra comunicación en consecuencia.

En definitiva, entender la psicología del interlocutor nos enseña que la comunicación no es solo un acto de expresión, sino también de comprensión mutua. Esta perspectiva nos impulsa a reflexionar sobre nuestras propias emociones y comportamientos durante el proceso comunicativo, fomentando interacciones más efectivas, empáticas y enriquecedoras.

2. La comunicación intrapersonal

2.1. Definición y su impacto en el diálogo interno

La comunicación intrapersonal se define como el intercambio de mensajes que ocurre dentro de la mente de una persona. Este diálogo incluye pensamientos conscientes e inconscientes, reflexiones, cuestionamientos y autoevaluaciones. Es un proceso continuo y dinámico que no solo refleja nuestra percepción de la realidad, sino que también la moldea.

La comunicación intrapersonal es un fenómeno esencial en la vida humana, pero a menudo subestimado. Representa el diálogo interno que mantenemos con nosotros mismos, donde se procesan pensamientos, emociones y creencias. Este tipo de comunicación tiene un impacto directo en cómo nos vemos, cómo tomamos decisiones y cómo nos relacionamos con el mundo.

La calidad de nuestra comunicación intrapersonal influye directamente en nuestra **autoestima**, que es la base sobre la cual construimos nuestras interacciones y relaciones.

A continuación, analizaremos cómo la comunicación intrapersonal afecta el diálogo interno, la autoestima y cómo podemos mejorarla para alcanzar un mayor bienestar emocional y cognitivo.

2.1.1. El diálogo interno y su impacto

El diálogo interno puede ser un aliado poderoso o un obstáculo significativo. Cuando es positivo y constructivo, fomenta la motivación, la autoconfianza y la resiliencia. Por otro lado, un diálogo interno negativo puede perpetuar la inseguridad, el miedo al fracaso y las creencias limitantes.

 Por **ejemplo,** una persona que constantemente se dice a sí misma "Nunca soy lo suficientemente bueno" desarrolla un patrón de pensamiento que afecta su comportamiento y emociones. Este tipo de diálogo puede llevar a evitar retos, experimentar ansiedad social o sentirse paralizado ante decisiones importantes.

2.1.2. Componentes del diálogo interno

— Pensamientos automáticos: son respuestas inmediatas a eventos, muchas veces influenciadas por experiencias previas o creencias inconscientes.

Ejemplo. Al recibir una crítica, pensar automáticamente "Siempre me critican porque soy incompetente".

— Cogniciones conscientes: reflexiones deliberadas que podemos analizar y cuestionar.

Ejemplo. "¿Por qué pienso que soy incompetente? ¿Hay pruebas reales de ello?".

— Creencias fundamentales: son los principios sobre los que construimos nuestra visión del mundo. Estas creencias influyen en la interpretación de nuestras experiencias.

Ejemplo. "Para ser valioso, debo ser perfecto".

2.2. Relación entre la comunicación intrapersonal y la autoestima

La autoestima es la valoración subjetiva que hacemos de nosotros mismos. Está profundamente influenciada por la comunicación intrapersonal, ya que esta determina cómo interpretamos nuestras experiencias, logros y fracasos. Cuando nuestro diálogo interno refuerza nuestras capacidades y valía, desarrollamos una autoestima saludable. Por el contrario, un diálogo interno crítico y negativo erosiona nuestra autoestima.

1. Autoconcepto: es la percepción que tenemos de nosotros mismos en relación con nuestras habilidades, roles, valores y atributos. Implica reconocer cómo nos definimos en diferentes aspectos de nuestra vida, como lo personal, lo profesional y lo social. Un autoconcepto equilibrado contribuye a tomar decisiones más alineadas con nuestras metas y valores.

    —   Práctica: reflexiona sobre las áreas clave de tu vida (personal, profesional, social) y escribe una breve descripción de cómo te percibes en cada una. Luego, identifica un área donde sientas que tu percepción necesita ser más realista o positiva y piensa en acciones concretas para mejorarla.

2. Autoimagen: es la percepción que tenemos de nuestra apariencia física y cualidades internas. Una autoimagen positiva refuerza la confianza y la seguridad personal.

    —   Práctica: frente a un espejo, dedica unos minutos a observarte y nombra en voz alta tres características físicas o emocionales que te gusten de ti mismo.

3. Autorreconocimiento: es la capacidad de identificar y valorar los logros, habilidades y esfuerzos personales. Implica reconocer el propio mérito sin depender exclusivamente de la validación externa.

    —   Práctica: haz una lista de tus logros recientes, por pequeños que parezcan, y reflexiona sobre el esfuerzo que requirieron. Utiliza esta lista para reforzar tu confianza en momentos de duda.

4. Autoeficacia: es la creencia en nuestra capacidad para alcanzar metas y resolver problemas.

    —   Práctica: establece una meta pequeña y alcanzable cada semana. Al lograrla, celebra el éxito y reflexiona sobre los pasos que hiciste para alcanzarla.

2.3. Las posiciones de vida

Las posiciones de vida propuestas por Eric Berne en el análisis transaccional describen cómo nos percibimos a nosotros mismos y a los demás. Estas posiciones están profundamente conectadas con nuestra autoestima, ya que esta determina nuestras creencias sobre nuestro valor personal y nuestra percepción de las personas que nos rodean. La forma en que somos tratados en nuestras primeras relaciones también influye en la posición que adoptamos y cómo interactuamos con los demás.

2.3.1. "Yo estoy bien, tú estás bien"

Relación con la autoestima: esta posición refleja una autoestima saludable. Las personas que operan desde esta perspectiva tienen una percepción equilibrada de sí mismas y de los demás. Reconocen su valor personal sin necesidad de menospreciar a otros y confían en las buenas intenciones de las personas. Esta posición es fundamental para establecer relaciones basadas en el respeto, la empatía y la colaboración.

Posibles causas:

— Infancia: han sido tratados con cariño y respeto por sus cuidadores, quienes validaron sus emociones y les enseñaron a valorar a los demás.

— Experiencias: han experimentado relaciones positivas donde hubo apoyo mutuo, reconocimiento y confianza.

 En un conflicto laboral, una persona desde esta posición escucha activamente las opiniones de sus compañeros y defiende sus puntos de vista sin atacar.

Frase típica: "Entiendo tu perspectiva, pero creo que podemos encontrar una solución que funcione para ambos".

2.3.2. "Yo estoy mal, tú estás bien"

Relación con la autoestima: esta posición refleja una baja autoestima. Las personas que adoptan esta perspectiva suelen sentirse inferiores a los demás, lo que las lleva a depender emocionalmente de ellos. Tienden a buscar la validación externa para sentirse valiosos y pueden ser extremadamente autocríticas.

Posibles causas:

— Infancia: crecieron en un entorno donde fueron desvalorizados, comparados constantemente con otros o criticados severamente.

— Experiencias: relaciones abusivas o desequilibradas en las que su voz fue minimizada.

En una relación de pareja, esta persona cede constantemente a las demandas del otro por miedo al rechazo o al abandono.

Frase típica: "Tienes razón, siempre me equivoco. Haré lo que tú decidas".

2.3.3. "Yo estoy bien, tú estás mal"

Relación con la autoestima: aunque puede parecer que estas personas tienen una autoestima alta, en realidad suele tratarse de una autoestima frágil. Su sentido de valía depende de compararse con los demás y sentir que están por encima de ellos. Esta posición puede ocultar inseguridades profundas que intentan compensar con arrogancia o juicio hacia los otros.

Posibles causas:

— Infancia: fueron tratados con favoritismo o recibieron mensajes que los posicionaban como superiores a los demás.

— Experiencias: han desarrollado mecanismos defensivos como resultado de inseguridades internas no resueltas.

En un equipo de trabajo, esta persona desacredita constantemente las ideas de los demás para resaltar las propias.

Frase típica: "No sé cómo puedes no entender algo tan simple. Déjalo, lo haré yo".

2.3.4. "Yo estoy mal, tú estás mal"

Relación con la autoestima: esta posición refleja una autoestima profundamente baja y una visión negativa del mundo. Las personas que adoptan esta perspectiva suelen sentirse impotentes y resignadas, percibiendo tanto a sí mismas como a los demás como inadecuados. Este enfoque puede llevar al aislamiento social y la desmotivación.

Posibles causas:

— Infancia: crecieron en entornos negligentes o abusivos, donde no se les ofreció apoyo emocional ni se les reconoció su valor.

— Experiencias: han enfrentado repetidos fracasos o rechazos sin herramientas emocionales para enfrentarlos.

 Ante un problema, esta persona no busca soluciones porque cree que nada puede mejorar la situación.

Frase típica: "No tiene sentido intentarlo, nunca sale bien y nadie sabe hacerlo correctamente".

2.4. Cómo detectar las posiciones de vida con baja autoestima y sus causas

Las posiciones "Yo estoy mal, tú estás bien", "Yo estoy bien, tú estás mal" y "Yo estoy mal, tú estás mal" suelen reflejar problemas de autoestima. A continuación, se presentan indicadores clave y posibles motivos detrás de cada una:

"Yo estoy mal, tú estás bien"

Indicadores: dificultad para decir "no", miedo al rechazo, necesidad constante de aprobación.

Motivo: creencias como "No soy suficiente" o "Mi valor depende de agradar a los demás".

"Yo estoy bien, tú estás mal"

Indicadores: tendencia a criticar, falta de empatía, necesidad de tener siempre la razón.

— Motivo: creencias como "Debo demostrar que soy superior para ser respetado" o "Los demás no son confiables".

"Yo estoy mal, tú estás mal"

— Indicadores: actitudes de desesperanza, aislamiento, dificultad para encontrar motivación.

— Motivo: creencias como "Nada de lo que hago importa" o "El mundo es un lugar hostil".

2.5. Cómo mejorar la autoestima desde cada posición

Para "Yo estoy mal, tú estás bien"

— Ejercicio: escribe tres logros personales cada día, sin importar cuán pequeños sean. Reflexiona sobre lo que estos logros dicen de ti.

— Cambio de creencia: de "No soy suficiente" a "Estoy aprendiendo y creciendo cada día".

Para "Yo estoy bien, tú estás mal"

— Ejercicio: practica la empatía escuchando a los demás sin interrumpir ni juzgar.

— Cambio de creencia: de "Debo demostrar que soy mejor" a "El valor de los demás no disminuye mi propio valor".

Para "Yo estoy mal, tú estás mal"

— Ejercicio: identifica una pequeña acción que puedas hacer para mejorar tu situación y regístrala como un paso positivo.

— Cambio de creencia: de "Nada importa" a "Cada pequeño cambio contribuye a un cambio mayor".

Las posiciones de vida de Eric Berne ofrecen una herramienta poderosa para entender cómo la autoestima influye en nuestras relaciones. Reconocer nuestra posición y trabajar en ella es esencial para construir vínculos saludables y una percepción más positiva de nosotros mismos.

Al fortalecer nuestra autoestima, podemos movernos hacia la posición más equilibrada y constructiva: "Yo estoy bien, tú estás bien", desde donde se fomentan el respeto, la empatía y el crecimiento mutuo.

2.6. Construcción de autoestima en niños

La autoestima comienza a formarse en la infancia. Los mensajes que los niños reciben de sus cuidadores y el entorno influyen en cómo se valoran a sí mismos.

Fomentar una autoestima saludable en los niños implica crear un ambiente donde se sientan valorados por quiénes son y aprendan a reconocer sus propias capacidades. Estos cuatro puntos clave ofrecen estrategias prácticas para padres, educadores y cuidadores.

1. **Reconocer logros:** valora el esfuerzo más que el resultado

    En lugar de centrarse únicamente en los éxitos finales, es importante valorar el esfuerzo que los niños ponen en sus actividades. Esto fomenta la perseverancia, la motivación intrínseca y una mentalidad de crecimiento.

     Si un niño está aprendiendo a tocar una canción en el piano pero no logra ejecutarla perfectamente, se puede decir:

    "He notado cuánto tiempo has practicado esta canción, y ya estás tocando las notas con mucha más confianza. Estoy muy orgulloso de cómo te estás esforzando".

    Esto ayuda al niño a entender que el aprendizaje es un proceso y que su esfuerzo tiene valor, incluso si el resultado no es perfecto.

    Beneficio: refuerza la idea de que los errores son parte del aprendizaje y que el progreso es más importante que la perfección.

2. **Evitar etiquetas:** sustituye frases negativas por comentarios específicos sobre el comportamiento

    Las etiquetas (como "desordenado", "torpe" o "perezoso") pueden ser perjudiciales para la autoestima de un niño, ya que refuerzan una identidad negativa. En su lugar, es mejor centrarse en conductas específicas y sugerir alternativas constructivas.

     En lugar de decir:

    "Eres tan desordenado, siempre dejas todo tirado".

    Opta por:

    "Hoy dejaste tu cuarto desordenado después de jugar, pero sé que puedes organizarlo bien si lo intentas. ¿Qué tal si lo hacemos juntos ahora?".

    Esto separa el comportamiento del niño de su identidad y le da una oportunidad para corregirlo de manera positiva.

    Beneficio: ayuda a los niños a enfocarse en acciones que pueden cambiar, en lugar de internalizar etiquetas negativas que dañan su autoconcepto.

3. **Reflexión de puntos fuertes:** visualizar fortalezas y logros

Crear un espacio físico donde los niños puedan reflejar sus éxitos y cualidades positivas les permite desarrollar un sentido tangible de logro y orgullo.

Diseña un "Mural de logros" en casa o en el aula. Incluye dibujos, fotografías o notas sobre momentos importantes. Por ejemplo:

"Terminó su primera carrera de bicicleta sin ayuda".

"Ayudó a su hermano pequeño a resolver un problema de matemáticas."

"Ganó confianza al leer en voz alta en clase".

Cada semana, dedica un momento para revisar y agregar nuevos logros al mural con el niño. Pregúntale: "¿Qué logros te han hecho sentir orgulloso esta semana?".

Beneficio: refuerza una imagen positiva de sí mismos y les recuerda que son capaces de alcanzar metas y superar desafíos.

4. **Modelar autoestima positiva:** enseñar con el ejemplo

Los niños aprenden observando cómo los adultos en su vida manejan sus propias emociones y autoestima. Mostrar autovaloración y una comunicación intrapersonal saludable les enseña cómo tratarse a sí mismos.

Si cometes un error en casa, como olvidar algo importante, en lugar de criticarte a ti mismo diciendo:

"Siempre hago todo mal".

opta por decir:

"Me equivoqué en esto, pero ahora sé cómo hacerlo mejor para la próxima vez. Todos aprendemos de nuestros errores".

Esto enseña al niño que equivocarse es parte de la vida y no define el valor personal.

Práctica: habla de tus logros con humildad y gratitud:

"Estoy orgulloso de cómo resolví ese problema en el trabajo hoy, pero no lo hubiera logrado sin esfuerzo".

Beneficio: los niños interiorizan actitudes saludables hacia ellos mismos al verlas reflejadas en los adultos que admiran.

2.7. Cómo identificar y desmontar creencias limitantes

La autoestima, como base de nuestra percepción personal y nuestras relaciones, está profundamente influenciada por cómo nos hablamos a nosotros mismos y las creencias que hemos construido a lo largo de la vida.

Estas creencias, en muchos casos limitantes, y la falta de confianza en nuestras capacidades pueden convertirse en barreras que dificulten nuestro crecimiento personal y profesional. Para superar estas limitaciones, es fundamental emplear herramientas prácticas que refuercen nuestra seguridad interna y nos permitan proyectar una mejor versión de nosotros mismos.

 Las creencias son principios que damos por ciertos y que moldean nuestra percepción. A menudo, estas creencias limitantes se forman en la infancia y afectan nuestra autoestima.

Este ejercicio te guiará para identificar una creencia que limita tu autoestima y aprender a desmontarla. Sigue los pasos con calma y reflexiona en cada uno.

Pasos del ejercicio:

— **Identifica una creencia limitante:**

- Piensa en una situación en la que te hayas sentido incapaz o inseguro.

- Pregúntate: "¿Qué pensamiento recurrente surge en estas situaciones? ".

 "Siempre me equivoco cuando hablo en público".

— **Cuestiona la creencia:**

- Reflexiona sobre el origen de este pensamiento.

- Pregúntate:

  — ¿De dónde viene esta creencia?

- – ¿Es realmente cierta o está influida por emociones como el miedo o experiencias pasadas?

- – ¿Hay evidencia que la contradiga?

"Recuerdo una vez que hablé en público y recibí comentarios positivos. Tal vez no siempre lo hago mal".

— **Reformula la creencia:**

- • Convierte el pensamiento limitante en uno más positivo y realista.

- • Usa frases como: "Estoy aprendiendo a mejorar en…" o "Cada vez soy más capaz de…".

"Puedo hablar en público y mejorar cada vez que lo intento".

— **Práctica para reforzar la nueva creencia:**

- • Escribe tu nueva creencia en un lugar visible y léela cada día.

- • Busca oportunidades para desafiarte en pequeños pasos.

Hablar en reuniones pequeñas o practicar frente a amigos.

La comunicación intrapersonal es la base sobre la que construimos nuestra autoestima y nuestras relaciones. Al desarrollar un diálogo interno positivo, fortalecer los pilares de la autoestima y trabajar conscientemente en nuestras creencias, creamos un entorno mental que favorece el bienestar y la resiliencia. Invertir en nuestra comunicación intrapersonal no solo transforma nuestra percepción de nosotros mismos, sino que también impacta la calidad de nuestras interacciones con el mundo.

3. Gestión de las emociones en la comunicación

3.1. Identificación de emociones en uno mismo y en el interlocutor

3.1.1. La importancia de identificar las propias emociones

La habilidad de identificar las emociones, tanto en nosotros mismos como en los demás, es fundamental para una comunicación efectiva y emocionalmente inteligente.

 Este proceso no solo nos permite comprender nuestras propias respuestas emocionales, sino que también facilita la empatía, mejora las relaciones interpersonales y reduce la posibilidad de conflictos innecesarios. Identificar emociones implica ir más allá de lo evidente, explorando tanto las señales internas como las expresiones externas del interlocutor.

Reconocer nuestras propias emociones es un paso clave hacia el autoconocimiento y la autorregulación emocional.

A menudo, las emociones influyen en nuestras decisiones, comportamientos y percepciones sin que seamos conscientes de ello. Por ejemplo, la ira puede llevarnos a reaccionar impulsivamente, mientras que la tristeza podría hacernos evitar interacciones sociales.

Beneficios de identificar las propias emociones

— Prevención de reacciones impulsivas: al reconocer una emoción en su etapa inicial, podemos regularla antes de que influya negativamente en nuestra respuesta.

— Mejor autogestión: comprender qué emociones predominan en ciertas situaciones nos permite prepararnos para manejarlas de manera más efectiva.

— Crecimiento personal: identificar patrones emocionales recurrentes ayuda a entender nuestras fortalezas y áreas de mejora.

 Cada noche, evalúa tu estado emocional del día en una escala del 1 al 10 para las emociones más prominentes: alegría, tristeza, miedo, ira, sorpresa y asco. Reflexiona sobre los desencadenantes y cómo gestionaste cada emoción.

A) Emociones primarias: universales y esenciales

Las emociones primarias son innatas, universales y compartidas por todos los seres humanos. Estas reacciones automáticas son una parte crucial de nuestra evolución; son útiles, ya que nos han permitido adaptarnos y sobrevivir.

Utilidad de cada emoción:

— **Alegría:** nos conecta con los demás, fomenta el aprendizaje y refuerza comportamientos positivos.

Ejemplo. Cuando recibes una felicitación por un logro, la alegría refuerza tu motivación para seguir esforzándote.

— **Tristeza:** nos lleva a reflexionar y buscar apoyo en momentos de pérdida o fracaso.

Ejemplo. Después de una discusión con un amigo cercano, la tristeza puede impulsar una reconciliación.

— **Miedo:** nos alerta ante posibles amenazas, preparando nuestro cuerpo para huir o enfrentar el peligro.

Ejemplo. En una calle oscura, el miedo aumenta tu vigilancia.

— **Ira:** nos motiva a defendernos y establecer límites cuando percibimos una injusticia.

Ejemplo. Sentir ira al ser interrumpido repetidamente en una reunión puede ayudarte a afirmar tu espacio de expresión.

— **Sorpresa:** facilita la adaptación a cambios inesperados.

Ejemplo. Un cambio inesperado en un proyecto de trabajo puede activar la sorpresa, ayudándote a recalibrar tus prioridades.

— **Asco:** nos protege de elementos dañinos, tanto físicos como morales.

Ejemplo. Rechazar alimentos en mal estado para evitar una intoxicación.

B) Emociones secundarias: complejidad y contexto

Las emociones secundarias son el resultado de combinaciones más complejas entre nuestras emociones primarias y las experiencias individuales, culturales y sociales. Estas emociones son más específicas y requieren una mayor reflexión para ser identificadas.

— **Culpa:** surge cuando creemos haber incumplido un estándar moral o ético.

Ejemplo. Sentirse culpable por no cumplir una promesa hecha a un amigo.

— **Vergüenza:** relacionada con la percepción de juicio social.

Ejemplo. Sentir vergüenza al cometer un error público.

— **Orgullo:** refleja satisfacción personal por logros o comportamientos positivos.

Ejemplo. Sentirse orgulloso tras completar un proyecto desafiante.

— **Celos:** denotan inseguridad o miedo a perder algo valioso.

Ejemplo. Experimentar celos cuando un compañero de trabajo recibe más reconocimiento.

3.1.2. Identificación de emociones en los demás

Reconocer las emociones de los demás es una habilidad clave para desarrollar empatía y mejorar las interacciones sociales. Para lograrlo, es necesario prestar atención tanto al lenguaje verbal como al no verbal.

Señales para identificar emociones:

— **Lenguaje no verbal.** Las expresiones faciales, los gestos y la postura corporal son indicadores claros de las emociones. Por ejemplo: brazos cruzados y mirada baja pueden denotar tristeza o desconfianza.

— **Tono de voz.** Un tono elevado y ritmo acelerado puede reflejar ira o ansiedad, mientras que un tono bajo y pausado podría sugerir tristeza o reflexión.

— **Contexto.** Entender el entorno y la situación ayuda a interpretar las emociones adecuadamente.

 Si alguien evita el contacto visual después de un error, probablemente sienta vergüenza.

 **Práctica. Observación empática.** En una conversación, céntrate exclusivamente en observar las señales no verbales y la entonación del interlocutor. Después, reflexiona sobre cómo estas señales se alinean con sus palabras.

A pesar de su importancia, identificar emociones no siempre es sencillo. Factores como la cultura, las experiencias personales y las barreras de comunicación pueden dificultar esta tarea.

Barreras comunes:

1. Suposiciones incorrectas: interpretar las emociones basándonos únicamente en nuestras experiencias puede llevar a malentendidos.

2. Falta de autoconocimiento: si no reconocemos nuestras propias emociones, será difícil identificar las de los demás.

3. Señales contradictorias: la incongruencia entre el lenguaje verbal y no verbal puede generar confusión.

Cómo superarlas:

— Practica la escucha activa para captar todos los elementos de la comunicación.

— Usa preguntas abiertas para clarificar posibles malentendidos.

— Refleja lo que percibes: "Pareces estar frustrado. ¿Es así?".

3.1.3. Prácticas para fortalecer la identificación emocional

Mapeo emocional diario

— Escribe una lista de emociones que percibiste en los demás durante el día.

— Reflexiona sobre qué señales te llevaron a esa conclusión y si tu percepción fue correcta.

Práctica en escenarios hipotéticos

— Observa películas o series y analiza las emociones de los personajes según su lenguaje verbal y no verbal.

— Compara tus observaciones con el desarrollo de la trama para ajustar tus interpretaciones.

Juego de roles

— Simula situaciones con un compañero donde ambos representéis diferentes estados emocionales.

— Practica identificar y verbalizar lo que percibes.

La identificación de emociones en uno mismo y en los demás es una habilidad que se refuerza con práctica y reflexión. Al comprender cómo las emociones influyen en nuestras interacciones, damos un paso importante hacia una comunicación más efectiva, empática y consciente. Este proceso no solo mejora nuestras relaciones, sino que también fortalece nuestra inteligencia emocional y nuestra capacidad de afrontar desafíos de manera constructiva.

3.2. Cómo influyen las emociones en la percepción y respuesta comunicativa

Las emociones son poderosos filtros que determinan cómo interpretamos los mensajes y cómo respondemos en cualquier interacción comunicativa. Actúan como una lente subjetiva que puede aclarar o distorsionar la realidad. Al influir en nuestra percepción y comportamiento, las emociones afectan tanto la calidad de las relaciones como la efectividad del intercambio de información.

3.2.1. El impacto de las emociones en la percepción

Las emociones influyen directamente en cómo decodificamos los mensajes. Cuando estamos bajo la influencia de una emoción fuerte, nuestra mente tiende a seleccionar, amplificar o interpretar ciertos aspectos de un mensaje, mientras descarta o minimiza otros. Este fenómeno es crucial para entender cómo las emociones afectan nuestras relaciones y decisiones.

Amplificación emocional. Las emociones intensas pueden exagerar la percepción de un mensaje. Un estado emocional positivo puede llevarnos a interpretar comentarios o acciones de manera optimista, mientras que un estado negativo puede nublar nuestro juicio.

— Ejemplo positivo: una persona que acaba de recibir buenas noticias puede interpretar un correo breve de un compañero como amistoso y eficiente.

— Ejemplo negativo: una persona agotada emocionalmente puede percibir el mismo correo como frío o distante.

Sesgos emocionales. Las emociones predisponen a interpretar la información de una manera que refuerza nuestro estado emocional actual.

— Ansiedad: una persona ansiosa puede interpretar un tono neutral como una señal de desaprobación.

— Confianza: una persona segura puede asumir que la misma señal es un indicador de concentración o interés.

Atención selectiva. Bajo la influencia de emociones intensas, tendemos a enfocarnos solo en ciertos aspectos del mensaje.

— Ejemplo: al sentirse culpable, alguien podría recordar únicamente las críticas y pasar por alto los comentarios positivos.

3.2.2. El impacto de las emociones en la respuesta

La forma en que las emociones moldean nuestra respuesta en la comunicación puede variar desde reacciones impulsivas hasta silencios evasivos. Esta influencia afecta la calidad del diálogo y, a menudo, puede perpetuar conflictos o malentendidos.

Reacciones impulsivas. Las emociones fuertes como la ira o el miedo suelen desencadenar respuestas inmediatas, sin un análisis racional previo. Por ejemplo: ante una crítica constructiva, una persona enfadada podría responder con una acusación, escalando innecesariamente el conflicto.

Respuestas evitativas. Emociones como la tristeza o la ansiedad pueden provocar comportamientos de evasión, dificultando el flujo de la comunicación. Ejemplo: durante una reunión, alguien ansioso podría evitar compartir su punto de vista, incluso cuando es relevante.

Respuestas adaptativas. Cuando las emociones están reguladas, es más probable que las respuestas sean constructivas y asertivas. Por ejemplo, una persona que siente alegría o tranquilidad podría utilizar un tono conciliador para mediar en un desacuerdo.

3.3. Las emociones y los contextos comunicativos

Las emociones no operan en un vacío; su impacto depende del contexto. Un ambiente profesional, por ejemplo, puede intensificar emociones como el miedo al juicio o la ansiedad por el rendimiento, mientras que un entorno familiar puede facilitar la expresión de emociones más vulnerables.

3.3.1. En el entorno laboral

Por ejemplo: una persona que experimenta estrés crónico en el trabajo puede interpretar la retroalimentación como un ataque personal, dificultando su capacidad de aprendizaje y crecimiento.

Estrategia: practicar la autoobservación emocional y buscar clarificaciones antes de reaccionar.

3.3.2. En relaciones personales

Ejemplo: la frustración acumulada puede llevar a una respuesta irónica o sarcástica durante una discusión con la pareja.

Estrategia: hacer pausas emocionales para reflexionar antes de responder.

3.4. Cómo identificar y gestionar el impacto emocional

La capacidad de identificar y gestionar el impacto emocional en nuestras interacciones comunicativas es fundamental para garantizar un diálogo claro y constructivo. Las emociones influyen directamente en cómo interpretamos los mensajes de los demás y en cómo respondemos. Aprender a reconocer estas dinámicas no solo mejora nuestras habilidades sociales, sino que también reduce la probabilidad de conflictos y malentendidos.

Identificación del impacto emocional: un enfoque consciente

El primer paso para gestionar las emociones en la comunicación es identificarlas de manera consciente. Esto implica reflexionar sobre nuestras propias emociones y cómo estas afectan nuestra percepción y respuesta, así como observar las emociones de los demás para comprender su influencia en el proceso comunicativo.

3.4.1. Cuestionario de autoconocimiento emocional

Un buen punto de partida para esta identificación es reflexionar sobre las siguientes preguntas:

¿Qué emociones experimento más a menudo en conversaciones importantes?

Reflexiona sobre patrones emocionales recurrentes. Por ejemplo, algunas personas tienden a sentirse ansiosas en reuniones, mientras que otras experimentan frustración cuando sus ideas no son aceptadas.

¿Tienden estas emociones a sesgar mi interpretación de los mensajes?

Identifica cómo tus emociones pueden influir en tu percepción. Por ejemplo, si estás enfadado, podrías interpretar un comentario neutral como un ataque personal.

¿Qué situaciones específicas suelen desencadenar respuestas impulsivas o evitativas?

Analiza el contexto en el que surgen estas respuestas. Tal vez tiendes a evitar debates con figuras de autoridad o reaccionas impulsivamente cuando sientes que tus límites son desafiados.

Este ejercicio te ayudará a profundizar en tu autoconocimiento emocional:

1. Durante una semana, lleva un diario emocional.

2. Registra tres interacciones diarias que hayan generado emociones intensas.

3. Anota:

   — La situación (contexto y personas involucradas).

   — La emoción predominante (alegría, miedo, tristeza, ira, etc.).

   — Tu reacción (verbal y no verbal).

   — Cómo crees que esa emoción afectó tu percepción del mensaje y tu respuesta.

4. Reflexiona sobre posibles formas de mejorar tu reacción en futuras situaciones similares.

Fecha	Situación (contexto y personas involucradas)	Emoción predominante	Reacción (verbal y no verbal)	Impacto en la percepción y respuesta	Reflexión para mejorar
Ejemplo	Reunión de trabajo con mi equipo.	Frustración.	Levanté la voz y crucé los brazos.	Interpreté la crítica como un ataque personal y respondí a la defensiva.	Respirar antes de responder. Reformular la crítica como una oportunidad de mejora.
Día 1					
Día 2					
Día 3					
Día 4					
Día 5					
Día 6					
Día 7					

3.5. Estrategias para gestionar las emociones durante la comunicación

3.5.1. Introducción

La forma en que gestionamos nuestras emociones afecta tanto nuestra interpretación del mensaje como la calidad de nuestra respuesta. Una gestión adecuada de estas dinámicas no solo mejora nuestra comunicación, sino que también fortalece nuestras relaciones interpersonales. Integrar prácticas como el *mindfulness* o la reformulación cognitiva es clave para convertir nuestras emociones en aliadas de una comunicación efectiva.

 Las emociones son un componente ineludible y profundamente influyente en la comunicación. Al desarrollar la capacidad de reconocer su impacto en nuestra percepción y respuestas, podemos transformar nuestras interacciones en experiencias más significativas, productivas y auténticas. Esto no solo mejora nuestras relaciones, sino que también nos permite crecer emocionalmente y comunicarnos de manera más consciente y eficaz.

3.5.2. *Mindfulness*

 *Mindfulness:* reconocer y gestionar las emociones en el momento.

El *mindfulness*, o atención plena, consiste en enfocar la conciencia en el presente, aceptando sin juicio los pensamientos, emociones y sensaciones que surgen. Esta práctica nos ayuda a identificar emociones en el instante en que aparecen, permitiéndonos responder con mayor control y deliberación.

Beneficios de practicar *mindfulness* en la comunicación:

1. Reconocimiento emocional inmediato: ser consciente de una emoción como la ira o el miedo al momento de surgir nos da la oportunidad de gestionarla antes de que influya negativamente en nuestra respuesta.

2. Reducción de la impulsividad: una pausa consciente permite transformar reacciones automáticas en respuestas reflexivas.

3. Fomento de la escucha activa: estar presente nos ayuda a entender mejor el mensaje del interlocutor, sin interpretar desde nuestras emociones.

Práctica de *mindfulness* para la comunicación:

1. Técnica de la respiración consciente:

   — Antes de responder a un estímulo que despierta emociones intensas (como una crítica), cierra los ojos, si es posible, y realiza tres respiraciones profundas.

   — Enfócate en el aire entrando y saliendo de tus pulmones. Esto te ayudará a regular tu estado emocional.

2. Observación sin juicio:

   — Reconoce tu emoción y ponle un nombre (por ejemplo, "Estoy sintiendo enfado").

   — Evita etiquetar la emoción como "mala" o "buena". Simplemente acepta que está ahí.

3. Espacio de reflexión:

   — Antes de responder, pregúntate: "¿Qué resultado quiero de esta interacción? ¿Cómo puedo expresarme de manera constructiva?"

 Imagina que recibes un correo electrónico que te parece ofensivo. En lugar de escribir una respuesta inmediata cargada de reproches, detente y realiza el ejercicio de respiración consciente. Una vez calmado, podrás interpretar el correo con mayor objetividad y redactar una respuesta profesional.

3.5.3. Reformulación cognitiva: cuestionar nuestras interpretaciones iniciales

 La reformulación cognitiva es una estrategia derivada de la terapia cognitivo-conductual (TCC), que consiste en identificar y cuestionar pensamientos automáticos o creencias irracionales.

A menudo, nuestras emociones intensas son producto de interpretaciones subjetivas, no de hechos objetivos. Reformular esas interpretaciones nos permite adoptar una perspectiva más equilibrada y realista.

Pasos para aplicar la reformulación cognitiva:

— **Identifica el pensamiento automático**

- Pregúntate: "¿Qué estoy pensando en este momento?".

- Ejemplo: "Mi compañero me ignoró en la reunión porque no respeta mi trabajo."

— **Cuestiona la validez del pensamiento**

- Pregúntate: "¿Hay pruebas claras de que esto sea cierto?".

- Reflexiona: "¿Puedo considerar otras explicaciones para su comportamiento?".

— **Reformula el pensamiento**

- Sustituye la interpretación inicial por una más racional y neutral.

- Ejemplo reformulado: "Quizás mi compañero estaba distraído o tenía otras preocupaciones".

Ejemplo de diario de reformulación cognitiva:

1. Escribe situaciones recientes que te generaron emociones intensas.

2. Describe el pensamiento inicial que tuviste.

3. Apunta evidencias a favor y en contra de ese pensamiento.

4. Reformula la interpretación de forma más objetiva.

Situación reciente	Pensamiento inicial	Evidencias a favor	Evidencias en contra	Reformulación objetiva
Un comentario crítico de tu jefe.	"No confía en mi capacidad".	Siempre señala áreas a mejorar.	También me felicita cuando hago un buen trabajo.	"Este comentario busca optimizar mi desempeño, no cuestionar mis habilidades".
Un compañero no responde a tus mensajes importantes.	"No le interesa trabajar conmigo".	No ha respondido a los últimos correos.	Tal vez está ocupado o tiene otras prioridades.	"Quizá está ocupado. Le recordaré o buscaré otra forma de contactar".
Un amigo cancela planes en el último minuto.	"No le importo lo suficiente".	Esta no es la primera vez que lo hace.	Siempre se disculpa y propone nuevas fechas.	"Seguramente tuvo un imprevisto y valora nuestra amistad porque intenta reorganizar".
Te equivocas en una presentación importante.	"Siempre cometo errores importantes".	Me he equivocado otras veces.	También he hecho presentaciones exitosas antes.	"Fue un error puntual y puedo aprender para mejorar la próxima vez".
No te incluyen en una reunión del trabajo.	"No consideran mi opinión importante".	No me informaron de la reunión.	Tal vez fue un descuido o no era relevante para mí.	"Puedo preguntar si fue un error o si hay algo de lo que deba saber para estar involucrado".

4. Aplicación práctica en situaciones de conflicto

4.1. El conflicto desde una perspectiva emocional: análisis y factores clave

4.1.1. Factores clave en el surgimiento de los conflictos

Los conflictos son inevitables en las relaciones humanas y, en muchos casos, son necesarios para el crecimiento personal, profesional y organizacional. Sin embargo, no todas las personas manejan los conflictos de manera efectiva, y muchas veces estos pueden crecer debido a emociones intensas, malentendidos o una comunicación inadecuada.

La clave para gestionar los conflictos de manera constructiva radica en comprenderlos desde una perspectiva emocional, identificar sus factores clave y aplicar técnicas prácticas que fomenten la empatía, el control emocional y la resolución colaborativa.

Los conflictos no solo representan dificultades, también son oportunidades para fortalecer relaciones y desarrollar habilidades esenciales. Aprender a gestionar estas situaciones puede transformar interacciones tensas en entornos de crecimiento y entendimiento mutuo.

Los conflictos no son meramente desacuerdos superficiales, sino que están profundamente arraigados en emociones humanas y percepciones subjetivas. Desde la ira hasta la inseguridad, las emociones desempeñan un papel crucial en cómo surgen, se desarrollan y, eventualmente, se resuelven los conflictos.

Analizar los conflictos desde una perspectiva emocional permite abordar no solo los síntomas, sino también las causas subyacentes, promoviendo soluciones duraderas.

A) Diferencias en valores y creencias

Los valores y creencias personales actúan como filtros a través de los cuales las personas interpretan el mundo. Cuando estas diferencias chocan, pueden surgir conflictos intensos. Por ejemplo, en un entorno laboral, un empleado que prioriza la flexibilidad puede entrar en conflicto con un gerente que valora la estructura rígida.

B) Falta de comunicación efectiva

La falta de claridad en los mensajes o el uso de un lenguaje poco empático puede desencadenar malentendidos. Las interpretaciones erróneas suelen amplificarse en situaciones cargadas emocionalmente.

C)   Emociones reprimidas o mal gestionadas

Las emociones acumuladas, como el resentimiento o la frustración, pueden explotar ante la menor provocación. Una persona que no expresa su descontento de manera asertiva puede volverse reactiva en el momento menos esperado.

D)   Competencia por recursos limitados

La lucha por recursos como tiempo, dinero o reconocimiento genera tensiones. Este tipo de conflicto es común en equipos de trabajo donde los objetivos individuales y grupales no están alineados.

E)   Percepciones y expectativas distorsionadas

Las expectativas no cumplidas o las percepciones sesgadas sobre las intenciones de los demás son una fuente común de conflicto. Una percepción errónea puede llevar a atribuir malas intenciones donde no las hay.

4.1.2.   Las emociones en el conflicto

A)   Emociones primarias

— Ira: a menudo vista como la emoción predominante en los conflictos, la ira puede ser una respuesta al sentirse amenazado o tratado injustamente.

— Miedo: surge cuando una persona percibe una amenaza, ya sea real o imaginaria. El miedo puede conducir a reacciones defensivas o evitativas.

— Tristeza: en conflictos relacionados con relaciones personales, la tristeza puede reflejar la pérdida de conexión o confianza.

B)   Emociones secundarias

Resentimiento: se desarrolla con el tiempo cuando las personas sienten que no se han abordado sus preocupaciones o necesidades.

Vergüenza: puede inhibir la capacidad de participar en la resolución de conflictos, especialmente si el individuo siente que su posición ha sido desvalorizada.

C)   Análisis del conflicto desde una perspectiva emocional

Abordar un conflicto desde una perspectiva emocional implica comprender tanto las propias emociones como las del otro. Esto requiere:

115

D)   Autoconciencia emocional

Reconocer y etiquetar las emociones propias es el primer paso para manejarlas adecuadamente. Por ejemplo, identificar que se siente frustración en lugar de simplemente "estar enfadado" permite un enfoque más constructivo.

E)   Empatía

Ponerse en el lugar del otro facilita la comprensión de sus emociones y necesidades. La empatía ayuda a desescalar tensiones y fomenta un ambiente de colaboración.

F)   Regulación emocional

La capacidad de manejar emociones intensas, como la ira o la ansiedad, es crucial para evitar reacciones impulsivas que puedan empeorar la situación.

4.1.3.   Herramientas para analizar conflictos emocionales

A)   Mapeo emocional

Crear un mapa que identifique las emociones clave involucradas en un conflicto puede ayudar a clarificar las dinámicas subyacentes.

Preguntas clave: ¿Qué emociones están predominando? ¿Qué desencadenantes las activan? ¿Qué emociones subyacentes podrían no estar expresándose directamente?

B)   Escucha activa

Captar tanto el contenido verbal como las señales no verbales del interlocutor ayuda a entender mejor sus emociones y perspectivas.

C)   Cuestionamiento reflexivo

Preguntar "¿Por qué me siento así?" o "¿Qué puedo hacer para manejar esta emoción?" fomenta una mayor comprensión de uno mismo y del conflicto.

Ejemplo de aplicación de las herramientas para analizar conflictos emocionales

Contexto del conflicto

Carla y Miguel son compañeros de trabajo en un equipo de ventas. Miguel ha mostrado una actitud distante desde que se le asignó a Carla un proyecto importante que ambos querían liderar. Carla ha notado que Miguel evita hablar con ella y que su tono es frío en las reuniones. Preocupada por la situación, Carla decide abordar el conflicto.

Aplicación de las herramientas

1   **Mapeo emocional**

Carla utiliza el mapeo emocional para analizar las dinámicas emocionales de la situación antes de hablar con Miguel.

— Emociones predominantes en Miguel: Carla identifica que Miguel puede estar experimentando frustración (por no haber recibido el proyecto) y resentimiento (por sentirse pasado por alto).

— Emociones predominantes en Carla: Carla siente incomodidad (por la actitud de Miguel) y preocupación (por cómo la situación podría afectar al equipo).

— Preguntas clave:

• ¿Qué desencadenó las emociones de Miguel? La asignación del proyecto a Carla.

• ¿Qué emociones subyacentes pueden estar presentes en Miguel? Quizás inseguridad o decepción por no ser valorado.

• ¿Qué emociones quiero manejar en mí misma? Mi preocupación por mantener una relación laboral positiva.

— Resultado: Carla tiene claridad sobre las emociones y los posibles desencadenantes, lo que la ayuda a planificar su conversación con Miguel.

2. **Escucha activa**

Carla decide hablar con Miguel utilizando la escucha activa para entender mejor su perspectiva. Durante la conversación:

— Acción: mantiene contacto visual, asiente con la cabeza mientras Miguel habla, y repite en sus propias palabras lo que él expresa para demostrar que lo está entendiendo.

— Interacción:

- Miguel: "Siento que no valoraron mi experiencia para liderar el proyecto".

- Carla: "Entiendo que te sientas así. Parece que esperabas que consideraran más tu experiencia para liderar esta tarea. ¿Es correcto?".

— Resultado: Miguel se siente escuchado, lo que reduce su nivel de frustración y lo anima a compartir más detalles sobre sus emociones.

3. **Cuestionamiento reflexivo**

Después de la conversación, Carla reflexiona sobre sus propias emociones y cómo gestionarlas para mejorar la relación.

— Preguntas que se hace:

- "¿Por qué me siento tan preocupada por esta situación? ". Porque valoro el trabajo en equipo y temo que este conflicto afecte nuestra productividad.

- "¿Qué puedo hacer para manejar esta emoción?". Ser proactiva al mostrarle a Miguel que valoro su contribución y buscar formas de involucrarlo más en el proyecto.

— Acción concreta: Carla decide asignar a Miguel una parte crucial del proyecto donde pueda demostrar sus habilidades, haciéndole sentir valorado.

Resultado del análisis

Carla logra desactivar el conflicto al abordar las emociones subyacentes de Miguel y las propias. Su enfoque basado en el mapeo emocional, la escucha activa y el cuestionamiento reflexivo no solo mejora la relación, sino que fortalece la colaboración en el equipo.

4.2. Técnicas concretas para resolver conflictos con empatía y control emocional

Resolver conflictos de manera efectiva no solo implica alcanzar acuerdos, sino también reconstruir relaciones, generar confianza y fomentar un entendimiento mutuo. Los conflictos, cuando se gestionan adecuadamente, pueden convertirse en oportunidades para el crecimiento individual y colectivo.

Las técnicas basadas en la empatía y el control emocional están diseñadas para abordar los conflictos desde una perspectiva humana y relacional. Estas estrategias ayudan a transformar las dinámicas negativas en conversaciones más constructivas, desactivando reacciones defensivas y promoviendo un clima de entendimiento mutuo. Aplicarlas requiere habilidad y disposición para escuchar, reconocer emociones y reformular situaciones conflictivas de una manera positiva.

4.2.1. Reformulación positiva del conflicto

Esta técnica busca transformar la percepción del conflicto, pasando de una visión de enfrentamiento a una oportunidad para crecer y mejorar. Al cambiar el enfoque, las personas involucradas pueden replantear su forma de abordar el problema, creando un ambiente más propicio para el diálogo.

En lugar de decir "Estamos discutiendo porque no nos entendemos", reformular como "Estamos buscando una mejor manera de trabajar juntos".

A) Validación emocional

Reconocer y validar las emociones de las demás personas, incluso cuando no se comparte su punto de vista, es clave para reducir tensiones y desactivar reacciones defensivas. Este enfoque permite que el otro se sienta escuchado y valorado, allanando el camino para una resolución más efectiva. Frase clave: "Entiendo que te sientas frustrado por esta situación".

B) Técnica del "reflejo emocional"

Consiste en parafrasear y reflejar las emociones expresadas por la otra persona, lo que demuestra empatía y asegura que ambas partes entiendan con claridad los sentimientos y necesidades del otro. Esta técnica fortalece la conexión emocional y fomenta una comunicación más auténtica.

 "Si entiendo bien, estás preocupado porque sientes que no se ha tenido en cuenta tu aportación".

4.3. Estrategias para fomentar la colaboración

La colaboración efectiva requiere algo más que buena voluntad; es necesario implementar estrategias que alineen intereses y motiven a las personas a trabajar juntas hacia objetivos comunes. Estas estrategias están diseñadas para superar divisiones, integrar perspectivas diversas y construir soluciones conjuntas que beneficien a todas las partes involucradas.

4.3.1. Establecer objetivos comunes

Unir a las personas alrededor de metas compartidas permite dejar de lado las diferencias y enfocarse en un propósito mayor. Cuando todos trabajan hacia un mismo fin, es más fácil encontrar puntos de acuerdo y trabajar de manera colaborativa.

 En un equipo dividido por diferencias sobre cómo abordar un proyecto, el líder dice: "Nuestro objetivo principal es entregar un producto de calidad al cliente. ¿Cómo podemos combinar nuestras ideas para lograrlo?".

4.3.2. Búsqueda de opciones creativas

Fomentar un enfoque "ganar-ganar" mediante la generación de soluciones que beneficien a todas las partes promueve la innovación y fortalece las relaciones. Este enfoque va más allá de resolver el conflicto inmediato, construyendo oportunidades para futuras colaboraciones.

 Dos departamentos compiten por el presupuesto de la empresa. En lugar de debatir quién lo merece más, sugieren una colaboración en la que ambas partes compartan recursos y responsabilidades para un proyecto conjunto.

4.3.3. Compromiso equilibrado

Encontrar un punto medio que respete los intereses de ambas partes sin sacrificar sus valores fundamentales permite resolver conflictos de forma justa y sostenible. Este enfoque fomenta la equidad y refuerza el respeto mutuo.

 María y su vecino discuten sobre el volumen de la música. Llegan a un compromiso: él reducirá el volumen después de las 10 p.m., y ella aceptará el nivel de sonido en horas anteriores.

La resolución de conflictos requiere más que técnicas: demanda una disposición para comprender, empatizar y trabajar juntos hacia soluciones constructivas. Al integrar la empatía y el control emocional en nuestras interacciones, no solo resolvemos problemas inmediatos, sino que también construimos relaciones más fuertes y resilientes.

Resolviendo un conflicto en un equipo de trabajo

1. **El conflicto**

   Clara, la diseñadora gráfica del equipo de marketing, expresa frustración en una reunión:

   Clara dice: *"No entiendo por qué siempre se decide todo sin considerar mis propuestas. Es frustrante trabajar así".*

   Luis, el líder del equipo, responde de manera defensiva:

   Luis dice: *"Eso no es cierto, Clara. Siempre escuchamos tus ideas, pero no todas son viables".*

   Clara, al sentirse invalidada, guarda silencio, lo que genera un ambiente incómodo en el equipo.

2. **Cómo podría Luis resolver el conflicto**

   Luis decide abordar el conflicto utilizando técnicas de resolución.

   Técnica 1: Reformulación positiva del conflicto

   Luis busca transformar la discusión en una oportunidad para mejorar la dinámica del equipo.

   Luis dice: *"Clara, entiendo tu frustración. Creo que esta situación nos da la oportunidad de mejorar cómo tomamos decisiones como equipo. ¿Qué te parece si hablamos sobre cómo podemos integrar tus ideas de manera más efectiva?".*

   Impacto esperado: Clara percibe que su preocupación es válida y que Luis está abierto a mejorar la situación.

   Técnica 2: Validación emocional

   Luis reconoce las emociones de Clara y las legitima sin juzgar.

   Luis dice: *"Puedo entender por qué te sientes así, Clara. Debe ser frustrante sentir que tus ideas no siempre se consideran. Quiero que sepas que valoro mucho tu contribución y quiero trabajar en esto contigo".*

Impacto esperado: Clara se siente escuchada y valorada, lo que reduce su frustración.

Técnica 3: Establecer objetivos comunes

Luis enfoca la conversación en el propósito compartido del equipo.

Luis dice: *"Todos queremos que esta campaña sea un éxito para el cliente. Estoy seguro de que tus ideas pueden ser clave para lograrlo. ¿Qué te parece si organizamos una reunión para revisar cómo podemos integrarlas mejor?".*

Impacto esperado: Clara se alinea con el objetivo del equipo y siente que su contribución es importante.

 La comunicación interpersonal está influida por factores psicológicos como emociones, percepciones y experiencias previas, que afectan la interpretación de los mensajes y las respuestas. Comprender estas dinámicas permite ajustar estrategias comunicativas, fomentar la empatía y construir relaciones más efectivas, reduciendo malentendidos.

El diálogo interno influye directamente en la autoestima y en la calidad de las interacciones. Un diálogo positivo refuerza la confianza y la resiliencia, mientras que uno negativo perpetúa inseguridades. Identificar y reformular pensamientos automáticos negativos fortalece la autoestima y promueve relaciones más equilibradas y saludables.

Las emociones juegan un papel crucial en la comunicación, influyendo en la percepción y las respuestas. Técnicas como el *mindfulness* y la reformulación cognitiva ayudan a gestionar las emociones intensas, favoreciendo respuestas reflexivas y constructivas. Además, los conflictos, aunque inevitables, son oportunidades para fortalecer vínculos y fomentar la colaboración cuando se abordan con empatía y control emocional.

Aplicar herramientas como la validación emocional, la reformulación positiva y el enfoque en objetivos comunes mejora tanto la resolución de conflictos como la calidad de las relaciones. Al integrar estas estrategias, se promueven interacciones más conscientes y sostenibles, fortaleciendo la comunicación como una herramienta clave para el desarrollo personal y colectivo.

TEST DE UNIDADES DIDÁCTICAS

ENUNCIADOS

Unidad 1

1. **¿Qué caracteriza a una comunicación efectiva?:**

    a) Usar tecnicismos complejos.
    b) Ser clara, precisa y adaptada al receptor.
    c) Evitar retroalimentación.
    d) Limitar la bidireccionalidad.

2. **¿Cuál es el propósito principal de la comunicación asertiva?:**

    a) Imponer las ideas propias.
    b) Defender los derechos propios respetando los ajenos.
    c) Evitar cualquier tipo de confrontación.
    d) Transmitir emociones sin importar el receptor.

3. **¿Qué elemento no pertenece al proceso de comunicación?:**

    a) Mensaje.
    b) Emisor.
    c) Canal.
    d) Actitud.

4. **¿Qué define la escucha activa?:**

    a) Escuchar sin mostrar interés en el lenguaje no verbal.
    b) Centrar la atención en las palabras y emociones del interlocutor.
    c) Interrumpir para dar opiniones rápidamente.
    d) Usar el teléfono mientras se escucha.

5. **¿Qué barrera afecta la comunicación cuando usamos tecnicismos?:**

    a) Física.
    b) Semántica.
    c) Psicológica.
    d) Cultural.

6. **¿Qué estilo de comunicación fomenta relaciones respetuosas?:**

   a) Pasivo.
   b) Asertivo.
   c) Agresivo.
   d) Manipulativo.

7. **¿Cuál es una característica clave del lenguaje no verbal en la asertividad?:**

   a) Mirada evasiva.
   b) Gestos abiertos y relajados.
   c) Postura encorvada.
   d) Movimientos bruscos y desafiantes.

8. **¿Qué estrategia implica repetir calmadamente el mismo mensaje para evitar manipulaciones?:**

   a) Técnica del disco rayado.
   b) Banco de niebla.
   c) Pregunta asertiva.
   d) Parafraseo.

9. **¿Qué significa adaptar el lenguaje al receptor?:**

   a) Usar palabras complicadas para mostrar conocimiento.
   b) Adecuar el mensaje al nivel de comprensión y contexto del receptor.
   c) Hablar sin considerar el entorno cultural.
   d) Evitar detalles específicos.

10. **¿Qué habilidad fomenta la empatía en la comunicación?:**

    a) Validar las emociones del interlocutor.
    b) Evitar cualquier desacuerdo.
    c) Usar un tono autoritario.
    d) Ignorar el lenguaje no verbal.

Unidad 2

1. **¿Qué elemento emocional facilita la empatía en la comunicación?:**

    a) La ansiedad.
    b) La calma.
    c) El miedo.
    d) La indiferencia.

2. **¿Qué barrera puede surgir por falta de atención del interlocutor?:**

    a) Barrera cultural.
    b) Barrera emocional.
    c) Barrera cognitiva.
    d) Barrera semántica.

3. **¿Qué técnica ayuda a resolver conflictos transformando la percepción del problema?:**

    a) Validación emocional.
    b) Reformulación positiva del conflicto.
    c) Uso de tecnicismos.
    d) Evitación.

4. **¿Qué actitud es clave para una escucha activa en conflictos?:**

    a) Adoptar una postura defensiva.
    b) Validar las emociones del interlocutor.
    c) Evitar el contacto visual.
    d) Ofrecer soluciones rápidas.

5. **Qué emoción primaria puede llevar a establecer límites en un conflicto?:**

    a) Alegría.
    b) Ira.
    c) Tristeza.
    d) Asco.

6. **¿Qué estrategia fomenta la colaboración en un equipo?:**

   a) Buscar objetivos comunes.
   b) Evitar discusiones.
   c) Fomentar la competencia.
   d) Ignorar diferencias.

7. **¿Qué factor puede distorsionar la percepción de un mensaje?:**

   a) Contexto adecuado.
   b) Pensamientos automáticos.
   c) Lenguaje claro.
   d) Retroalimentación.

8. **¿Qué técnica consiste en parafrasear las emociones del otro?:**

   a) Banco de niebla.
   b) Reflejo emocional.
   c) Reformulación cognitiva.
   d) Retroalimentación.

9. **¿Qué habilidad ayuda a regular las emociones intensas?:**

   a) Uso del tono autoritario.
   b) *Mindfulness*.
   c) Reacción impulsiva.
   d) Evitar el conflicto.

10. **¿Qué postura refleja confianza en la comunicación?:**

    a) Brazos cruzados.
    b) Postura abierta y contacto visual relajado.
    c) Movimientos nerviosos.
    d) Mirada hacia abajo.

TEST DE UNIDADES DIDÁCTICAS

DIDÁCTICAS

Unidad 1

1. *b)* Ser clara, precisa y adaptada al receptor.

2. *b)* Defender los derechos propios respetando los ajenos.

3. *d)* Actitud.

4. *b)* Centrar la atención en las palabras y emociones del interlocutor.

5. *b)* Semántica.

6. *b)* Asertivo.

7. *b)* Gestos abiertos y relajados.

8. *a)* Técnica del disco rayado.

9. *b)* Adecuar el mensaje al nivel de comprensión y contexto del receptor.

10. *a)* Validar las emociones del interlocutor.

Unidad 2

1. *b)* La calma.

2. *c)* Barrera cognitiva.

3. *b)* Reformulación positiva del conflicto.

4. *b)* Validar las emociones del interlocutor.

5. *b)* Ira.

6. *a)* Buscar objetivos comunes.

7. *b)* Pensamientos automáticos.

8. *b)* Reflejo emocional.

9. *b)* Mindfulness.

10. *b)* Postura abierta y contacto visual relajado.

GLOSARIO

Adaptabilidad

Capacidad para ajustar la comunicación según el receptor.

Asertividad

Capacidad para expresar pensamientos y emociones de forma clara y respetuosa.

Autoconcepto

Percepción sobre uno mismo en diferentes roles y aspectos.

Autoeficacia

Creencia en la capacidad para alcanzar metas.

Autoestima

Valoración subjetiva que una persona tiene de sí misma.

Autoimagen

Opinión sobre la propia apariencia física y cualidades internas.

Autorreconocimiento

Reconocer logros y habilidades personales.

Barreras de comunicación

Obstáculos que dificultan la transmisión de mensajes.

Canal de comunicación

Medio a través del cual se transmite un mensaje.

Claridad

Característica esencial de un mensaje comprensible y directo.

Coherencia

Consistencia entre comunicación verbal, no verbal y paraverbal.

Comunicación efectiva

Transmisión de mensajes de manera clara, sin malentendidos.

Concisión

Brevedad que permite transmitir lo esencial.

Confianza

Base para relaciones comunicativas efectivas.

Diálogo interno

Comunicación intrapersonal que afecta la autoestima.

Empatía

Habilidad para comprender y compartir los sentimientos del otro.

Escucha activa

Atención plena al interlocutor para comprender su mensaje.

Estado emocional

Influencia de las emociones en la comunicación.

Estrategias comunicativas

Herramientas para mejorar el proceso comunicativo.

Feedback

Retroalimentación para confirmar la comprensión del mensaje.

Lenguaje corporal

Movimientos y posturas que acompañan el mensaje verbal.

Lenguaje no verbal

Expresión a través de gestos, posturas y expresiones faciales.

Mensajes en primera persona

Expresiones que enfatizan las propias emociones y pensamientos.

Pensamientos automáticos

Respuestas mentales inmediatas influenciadas por creencias previas.

Percepciones

Interpretaciones basadas en experiencias previas y creencias.

Posiciones de vida

Percepciones sobre uno mismo y los demás según Eric Berne.

Regulación emocional

Capacidad para gestionar las emociones propias.

Resolución de conflictos

Técnicas para manejar tensiones y promover la colaboración.

Retroalimentación bidireccional

Intercambio activo entre emisor y receptor.

Tono de voz

Elemento paraverbal que refuerza el mensaje verbal.

BIBLIOGRAFÍA

- BARON-COHEN, S.: *La empatía*. Madrid: Alianza Editorial. 2013.

- CASTANYER, O.: *La asertividad: expresión de una sana autoestima*. Madrid: Desclée De Brouwer. 2007.

- FENSTERHEIM, H., y BAER, J.:*No diga Sí cuando quiera decir No*. Barcelona: Grijalbo. 1976.

- GARCÍA HUETE, E.: *Aprender a pensar bien*. Madrid: Aguilar. 1996.

- GUTIÉRREZ ASCANIO, C., y HERNÁNDEZ DELGADO, G. A.: *Habilidades sociales y de comunicación*. Sevilla: Síntesis. 2016.

- HBR: Empatía: *Serie Inteligencia Emocional HBR*. Madrid: Ediciones Deusto. 2016.

- KELLY, J. A.: *Entrenamiento de las Habilidades Sociales*. Bilbao: Descleé de Brouwer. 1987.

- MOYA ALBIOL, L.: *La empatía: entenderla para entender a los demás*. Madrid: Pirámide. 2014.

- NEVAREZ, M.: *Lenguaje corporal, comunicación persuasiva y retórica*. Barcelona: Planeta. 0218.

- OVEJERO, A.: *Las habilidades sociales y su entrenamiento: Un enfoque necesariamente psicosocial*. Psicothema, 2(2), 93-112. 1990.

- ROCA VILLANUEVA, E.: *Cómo mejorar tus habilidades sociales*. Madrid: Pirámide. 2012.

- SANDERSON, A.: *Conversar: cómo hablar con otras personas*. Barcelona: RBA. 2015.

- SHAW, G.: *Habilidades cruciales de comunicación: 5 libros en 1*. Madrid: Alienta Editorial. 2020.

- SMITH, M. J.: *Cuando digo No, me siento culpable*. Barcelona: Grijalbo. 1975.

- SMITH, M. J.: *Sí, puedo decir no*. Barcelona: Grijalbo. 1978.

- WEINSTOCK, D.: *Fundamentos y prácticas de comunicación no violenta*. Bilbao: Desclée De Brouwer. 2018.